中学デビューシリーズ

初心者も**ぐんぐん**レベルアップ

バドミントン
入門

著

青木孝徳
NTT 東日本 SportsClub コーチ、元日本代表

ベースボール・マガジン社

はじめに

▼バドミントンを始めるのに「遅い」はない

　年齢性別を問わず、誰でも楽しめるバドミントン。この本を手に取ったみなさんも、一度はやったことがあるのではないでしょうか。日本代表選手の活躍がテレビで取り上げられたり、とても身近なスポーツです。実際に競技としてやってみると、楽しいばかりではなく、特殊な道具を使う難しさも感じると思います。それでも練習を重ね、シャトルを打つ回数が増えれば増えるほど、「こんなことができるようになった！」「前よりうまくできた！」という成長実感を味わうはずです。競技人口が多く、年齢や競技レベルに分かれた大会も数多くあるので、自分の実力を試したり、成長を感じる機会もある。そして、練習や試合を通じて、たくさんの仲間を増やすことができます。

　小学生以下の選手を対象としたジュニアクラブもありますが、始めるのに遅いということはありません。ある程度、体が成長して理解力のある中学生のみなさんだからこそ、バドミントンに必要なラケットワーク、フットワーク、各ショットの基本を、しっかり身につけること。そのうえで、試合に向けた戦術など、応用にあたる部分に取り組んでください。

▼中学生選手に大事にしてほしいこと

　バドミントンは個人競技ですが、一人ではできません。相手や審判がいるから試合ができる。チームのメンバー全員が協力して練習が成立する。特に普段の練習は、みんなで声をかけ合い、意識を高め合うことが大事です。自分一人ではなく、「みんなで頑張ろう！」「みんなで強くなろう！」という思いが、自分自身とチーム全体をレベルアップさせていくのです。

　そして、練習に励む中学生のみなさんと指導者、保護者の方に覚えていただきたいのが、「どこか痛いところがあったら休む」ということです。足が痛ければ、上半身を使ったメニューをやればいい。足も腕も痛いのであれば、本を読んだり動画を見たり、研究や分析に励みましょう。特

に目から入ってくる情報は、上達に大きくつながると考えられます。私自身、高校時代はトッププレーヤーの映像をくり返し見て、よくマネをしていたものです。憧れの選手の動画を見て、頭の中に焼き付けて、練習に復帰できたらマネしてみましょう。

　ケガをしてしまっても、できることは必ずあるので焦らないこと。成長期のケガが、将来の競技人生に影響を与えないように、しっかり治しましょう。普段から体のケアをして、適切な休息を取り、ケガを予防することも心がけてください。

　成長期の中学生は、毎日の食事も重要です。栄養バランスのいい食事を、しっかり取ること。さらに、激しい練習をすると、栄養の摂取量と消費量がアンバランスになりがち。一日3食に加えて、練習中や前後に補食を取ることも考えてください。選手本人とともに、指導者と保護者の方の意識も高めていただきたい部分です。

▼「うまくいかない」と悩むから成長する

　バドミントンを続けていくと、「なかなかうまくいかない…」と悩むことがあります。悩むのは、バドミントンに対する情熱、気力、モチベーションがあるから。それこそが、みなさんの才能であり、成長への一歩です。うまくいかないことがあったら、フィジカル面、技術面、戦略面、精神面…、と分けて、どこが問題なのか考えてみましょう。そこを明確にして、日々の練習に取り組んでください。

　この本が、みなさんの成長の助けになれば幸いです。

NTT東日本SportsClubコーチ、元日本代表　**青木孝徳**

目 次

協力／NTT東日本SportsClub
構成／平田美穂
写真・動画撮影／阿部卓功
デザイン／paare'n
動画編集／木村雄大

PART 1 バドミントン競技の特性を知ろう

世界でも多くの日本人選手が活躍するバドミントン。その歴史と、独特な道具、コートについて学び、日頃の練習や試合に生かそう。

バドミントンの歴史を知ろう

バドミントンの歴史

　バドミントンはラケットを使って、ネットを挟んだ相手とシャトルコック（シャトル）を打ち合う競技だ。その始まりは諸説あるが、昔から伝わる羽根つき遊びを原型として、イギリスで競技のルールが確立されていった。

　日本には、大正～昭和初期に伝わってきたといわれている。第二次世界大戦後の1946年、日本バドミントン協会が設立され、1952年に国際バドミントン連盟（いまの世界バドミントン連盟）に加盟。1960～80年代初め頃は、女子選手が世界の舞台で大活躍した。

　2012年ロンドン五輪で、女子ダブルスの藤井瑞希＆垣岩令佳ペアが銀メダルを獲得。2016年リオデジャネイロ五輪では、女子ダブルスの髙橋礼華＆松友美佐紀ペアが金メダル、女子シングルスの奥原希望選手が銅メダルを獲得した。その後、男子シングルスの桃田賢斗選手、女子シングルスの山口茜選手、女子ダブルスの福島由紀＆廣田彩花ペア、永原和可那＆松本麻佑ペアなど、世界ランク1位に立つ選手が続々と出現している。2024年のパリ五輪では、女子ダブルスの志田千陽＆松山奈未ペア、混合ダブルスの渡辺勇大＆東野有紗ペアが、銅メダルを獲得した。

バドミントンの歴史とオリンピック

	主な出来事とオリンピック（五輪）	日本人メダリスト
1893年	現在のルールの原型がイギリスでできる	
1899年	イギリスで、第1回全英オープン開催	
1934年	国際バドミントン連盟（いまの世界バドミントン連盟）設立	
1946年	日本バドミントン協会設立	
1972年	ミュンヘン五輪（西ドイツ）で公開競技に採用	●中山紀子（女子単）🥇 ●湯木博江（女子単）🥈
1988年	ソウル五輪（韓国）公開競技	●北田スミ子（女子単）🥉 ●松野修二＆松浦進二（男子複）🥉
1992年	バルセロナ五輪（スペイン）で正式競技に採用	
2012年	ロンドン五輪（イギリス）	●藤井瑞希＆垣岩令佳（女子複）🥈
2016年	リオデジャネイロ五輪（ブラジル）	●髙橋礼華＆松友美佐紀（女子複）🥇 ●奥原希望（女子単）🥉
2021年	東京五輪（日本）	●渡辺勇大＆東野有紗（混合複）🥉
2024年	パリ五輪（フランス）	●志田千陽＆松山奈未（女子複）🥉 ●渡辺勇大＆東野有紗（混合複）🥉

※単＝シングルス、複＝ダブルス

バドミントンの道具を知ろう

ラケット

ラケットは、長さ680ミリ以内、幅230ミリ以内。重さの制限はない。「ヘッド」という丸い枠の内側は、長さ280ミリ以内、幅220ミリ以内。ストリング（ガット）と呼ばれる、主にナイロン性の糸が縦横に張られ、ここでシャトルを打つ。

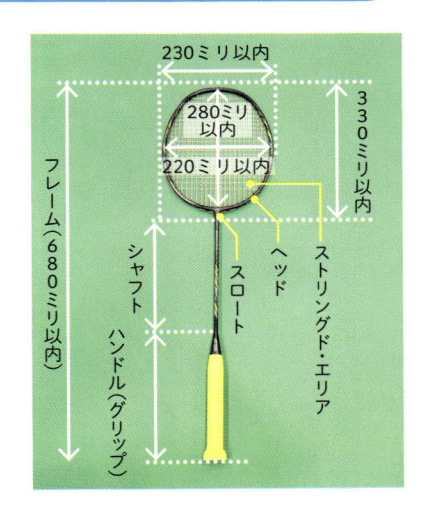

230ミリ以内
280ミリ以内
220ミリ以内
330ミリ以内
フレーム（680ミリ以内）
シャフト
ハンドル（グリップ）
スロート
ヘッド
ストリングド・エリア

シャトルコック（シャトル）

台となる部分はコルクを皮で覆ったもので、上部は水鳥の羽根16枚。ナイロンなど合成素材を使ったものもあるが、公式戦では水鳥のシャトルを使うことがほとんど。重さは約5グラムほどで、風や湿度の影響を受ける。

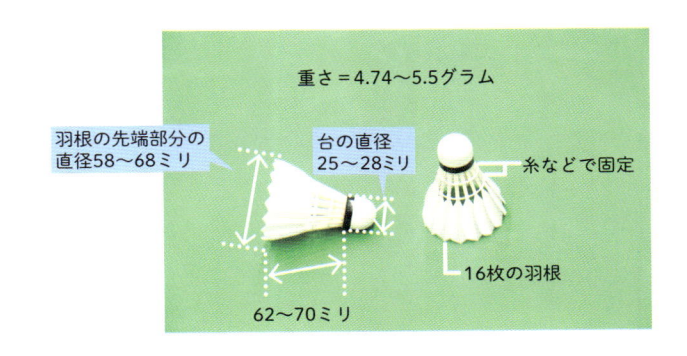

重さ＝4.74〜5.5グラム
羽根の先端部分の直径58〜68ミリ
台の直径25〜28ミリ
糸などで固定
16枚の羽根
62〜70ミリ

バドミントンのコートを知ろう

バドミントンのコート

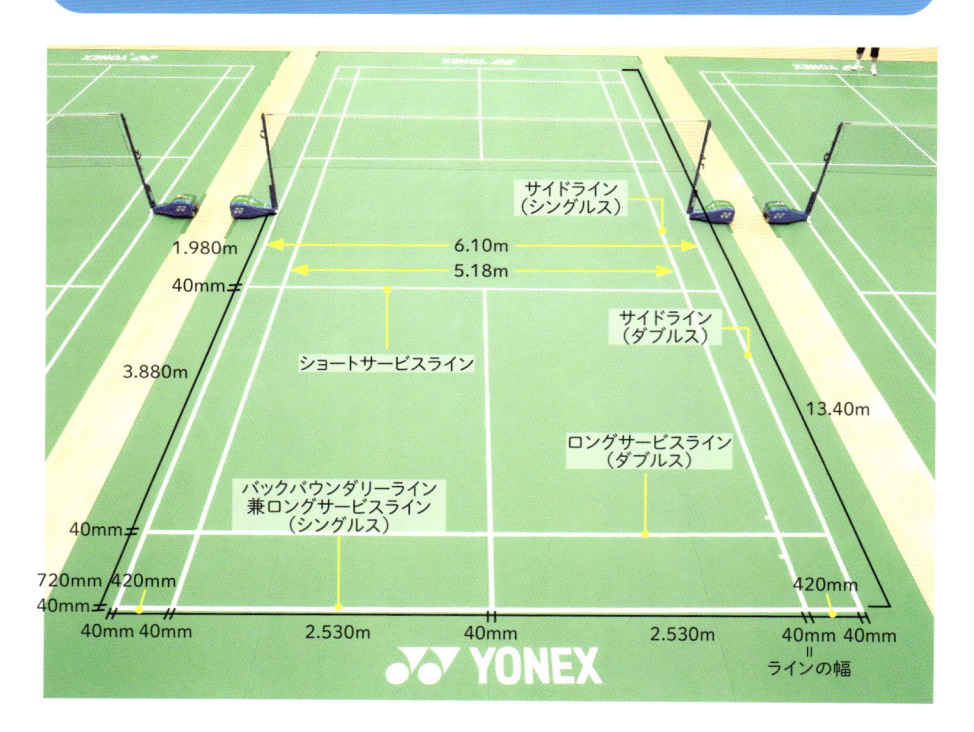

1.980m
40mm
3.880m

6.10m
5.18m

サイドライン
（シングルス）

サイドライン
（ダブルス）

ショートサービスライン

ロングサービスライン
（ダブルス）

13.40m

40mm

720mm　420mm
40mm
40mm 40mm

バックバウンダリーライン
兼ロングサービスライン
（シングルス）

2.530m

40mm

2.530m

420mm

40mm 40mm

ラインの幅

YONEX

　コートはタテ13.4メートル、横6.1メートルの長方形。ネットを支えるポスト（支柱）の高さは1.550メートル。ネットの高さは、ダブルスのサイドライン上で1.550メートル、中央部で1.524メートル。真ん中が少し低くなっている。

　2対2のダブルスでは、コート全面を使う。1対1のシングルスでは、サイドラインがダブルスより内側となる。

中央部分の高さ
1.524m

ネットの高さ
（ダブルスのサイドライン上）
1.550m

ネットの幅760mm

ポストの高さ1.550m

試合の進め方を知ろう

　現在、主に行われている種目は、1対1のシングルスと、2対2のダブルス。それぞれ男女別で戦い、混合ダブルスは男女でペアを組んで対戦する。

　シングルスもダブルスも、基本的なルールは同じ。ラリーに勝った選手が得点する「ラリーポイント制」で、得点した選手が次のサービスをする。

　1ゲームは先に21点を取ったほうが勝ち。20対20になったら、2点差がついた時点で終わり。ただし、29対29対になった場合は、30点目を取ったほうが勝ち。公式試合は「3ゲームマッチ」で、先に2ゲームを取ったほうが勝者となる。

シングルス

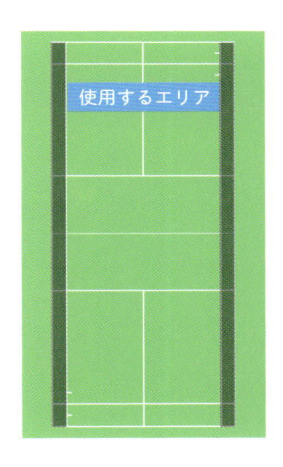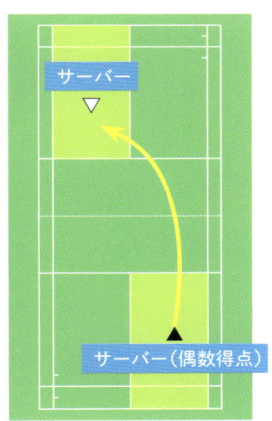

使用するエリア

サーバー

サーバー（偶数得点）

ダブルスよりも縦長のコートで戦う。自分の得点が偶数なら右、奇数なら左から、図で示した対角のエリアにサービスを打つ。レシーバーは、相手の得点に合わせた対角のエリアで待つ。

ダブルス

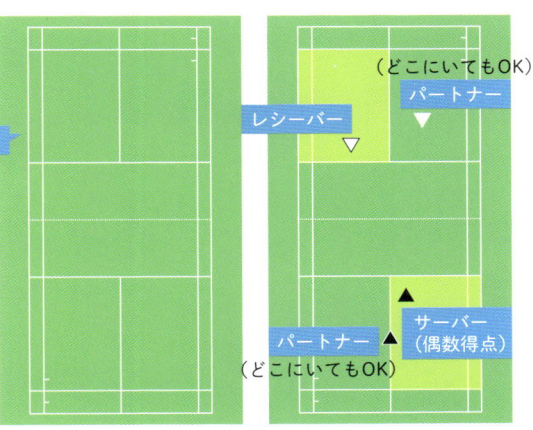

使用するエリア

（どこにいてもOK）

パートナー

レシーバー

パートナー

サーバー
（偶数得点）

パートナー

（どこにいてもOK）

ダブルスも、自分たちの得点が偶数なら右、奇数なら左から、図で示した対角のエリアにサービスを打つ。ラリーに勝ったら、同じ人が左右を変えてサービスを続ける。ラリーに負けて相手にサービス権が移る場合、左右の位置は変わらない。パートナーはどこにいてもいい。

ショットの軌道と役割を知ろう

主にコート奥から打つショット

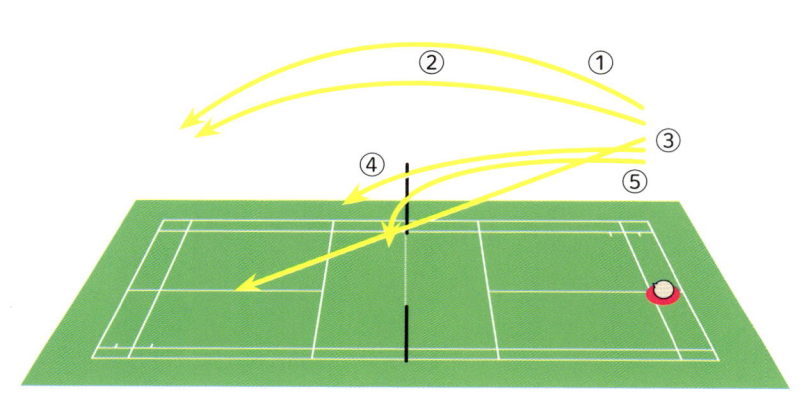

①ハイクリア…高い打点から、相手コート奥に高く飛ばす
②ドリブンクリア…低く速い軌道で相手コート奥に飛ばすクリア
③スマッシュ…高い打点から、角度をつけた軌道で相手コートに強く打ち込む
④カット…ラケット面とシャトルを切って、相手コート前方に落とす
⑤ドロップ…ラケット面とシャトルを切らずに当てて、ネット際に落とす

主にコート中央と前から打つショット

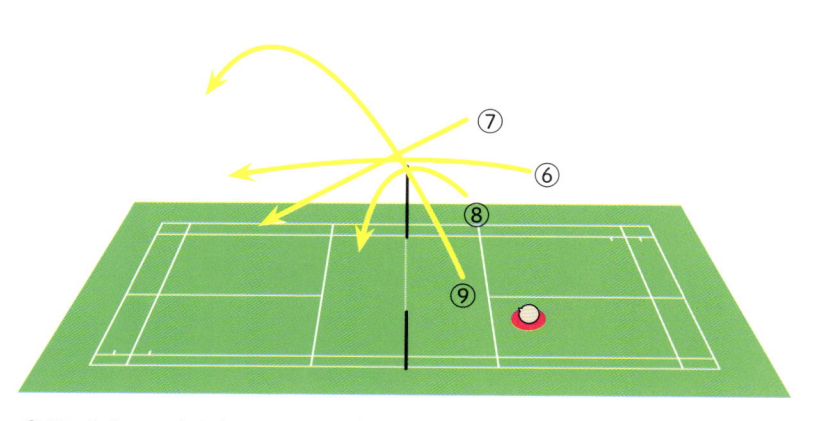

⑥ドライブ…コート中央からシャトルが浮かないように、床と平行の軌道で強く打つ
⑦プッシュ…ネット前から、相手コートの床をねらって強く打つ
⑧ヘアピン…ネット前から、相手のネット前に落とす
⑨ロブ（ロビング）…床に近い位置から、相手コート奥に高く飛ばす

PART 2 ラケットを振ってみよう

シャトルを思いどおりに打つためには、ラケットを自在に扱えるようになること。握り方と基本のスイングは、早いうちに身につけたい。

※右利きの選手をモデルにしています。

イースタングリップ、バックハンド、ウエスタングリップ

ラケットの握り方（グリップ）をチェック。フォアハンドとバックハンドを使い分けて打つために、イースタングリップで力まず握る。

握り方の基本はイースタングリップ

イースタングリップは、利き腕側をフォアハンド、逆側をバックハンドと握り替え、ラケット面の表と裏を使う。回内／回外の動作（15ページ参照）も入れて、多彩なショットを打つことができる。

フォアハンドはラケットと握手するように、小指、薬指、中指で支え、人差し指と親指は添える程度（右写真）。バックハンドはグリップの広い面に親指を添える（右下写真）。どちらも軽く握っておき、打つ瞬間に強く握りしめる。

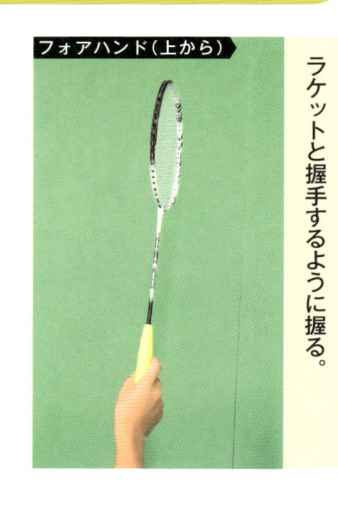

フォアハンド（上から）

ラケットと握手するように握る。

 **参考**

ウエスタングリップ

ラケットを地面に置いて上から握る形。ラケット面の片側しか使わないで打つ。

上から

バックハンド（上から）

グリップの広い面に親指を添える。

リストスタンド、回内／回外

シャトルに力を伝えるために必要なキーワードが、「リストスタンド」と「回内／回外」。スイングの基本として覚えておこう。

リストスタンド

ラケットを握ったら、手首を約90度立てた「リストスタンド」の状態をキープ。回内／回外の動作がスムーズにできて、どこからでも多彩なショットを打てる。

GOOD○

手首を約90度に立てた「リストスタンド」。

NG×

手首が寝ていると、ヒジと手首を自在に使えない。

回内／回外の動作

ラケットを最大出力で振るための、回内と回外の動作。体に無理なくスムーズに振れば、ケガの危険性が低くなる。わかりづらければ、うちわであおぐ動作で身につけよう。

回外

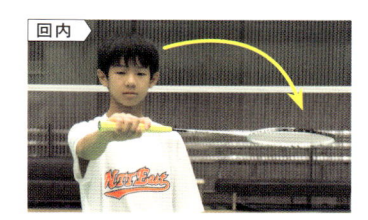

回内

オーバーヘッド・ストローク

1 構える　　　**2** テークバック　　　**3** 振り出す

正面から

両足を軽く開いて立ち、後ろにある利き足の内側を正面に向ける。

後ろの足に乗って、胸を張るようにラケットを引く（テークバック）。

体重を前に移しながら、ヒジ→手首→ラケットの順に振り出していく。

横から

高い軌道で飛んでくるシャトルを打つためのオーバーヘッド・ストローク。シャトルに力を伝えながらも、体にやさしいスイングを身につけよう。

4 インパクト

シャトルをとらえる位置は、肩に負担がかからない「ゼロポジション」。

5 スイング

前の足に完全に乗り、ヒジの回内動作を使ってラケットを振る。

6 フォロースルー

まずは大きなスイングを心がけて、脇の下まで振り下ろす。

サイドアーム・ストローク（フォアとバック）

フォロースルー **6** | スイング **5** | インパクト **4**

最初のうちは大きなスイングでいいが、すぐ構えに戻ること。	ラケットヘッドをかぶせるように、回内動作を使ってスイング。	シャトルに対して、ラケット面が真っすぐ当たるようにインパクト。

ここからスタート

1 構え | **2** テークバックに入る | **3** テークバック

バックハンド

スタンスは肩幅より少し広く。バックハンドの握りでリストスタンド。	右肩を体の内側に入れるようにして、テークバックの準備。	左足に乗ってテークバック（右足を踏み出すパターンもある）。

体の横に飛んできたシャトルを打つための、サイドアーム・ストローク。利き腕側はフォアハンド、逆側はバックハンドで振る。

3 テークバック ／ 2 テークバックに入る ／ 1 構え

フォアハンド

右足に乗ってテークバック。そこからヒジ→ラケットの順に出ていく。

上体を少し開いてテークバックの準備。リストスタンドはキープ。

スタンスは肩幅より少し広く。フォアハンドで握ってリストスタンド。

4 インパクト ／ 5 スイング ／ 6 フォロースルー

シャトルに対して、ラケット面が真っすぐ当たるようにインパクト。

ラケットヘッドをかぶせるように、回外動作を使ってスイング。

最初のうちは大きなスイングでいいが、すぐ構えに戻ること。

アンダーハンド・ストローク（フォアとバック）

フォロースルー **4**

素振りからコントロールを意識して、打ちたい方向にラケットを振り抜く。シャトルを指差すイメージで。

インパクト **3**

シャトルが見える位置、踏み出した足のつま先の延長線上が、理想のヒッティングポイント。

フォロースルー **4**

素振りからコントロールを意識して、打ちたい方向にラケットを振り抜く。シャトルを指差すイメージで。

インパクト **3**

ヒジから先に出してインパクトへ。踏み出した足のつま先の延長線上でシャトルをとらえるのが理想。

腰より下の高さのシャトルを打つための、アンダーハンド・ストローク。サイドアームと同じく、利き腕側と逆側で握り方を変えて振る。

テークバック ②

右足にしっかり乗ってヒザを曲げてテークバック。最初は大きく引いてもいいが、徐々にコンパクトに。

右足を踏み出す ①

ここからスタート

フォア（正面から）

右足を大きく前に踏み出して、必ずカカトから着地する。つま先からの着地はケガにつながるのでNG。

テークバック ②

右足にしっかり乗ってヒザを曲げてテークバック。フォアに比べると深く引くことができる。

右足を踏み出す ①

ここからスタート

バック（横から）

右足を左前（クロス前）に踏み出して、必ずカカトから着地。ラケットはバックハンドで握っている。

「8の字スイング」と「ゼロポジション」

ラケットワークが向上！「8の字スイング」

リストスタンドしたまま体の前でラケットを回し、「8」を横にした形を描く。ヒジと手首を柔らかく使って、回内、回外動作を入れることを意識。力んで強く握らないこと。

肩にやさしい「ゼロポジション」

シャトルをとらえる位置は、肩の関節が最もスムーズに動く「ゼロポジション」がベスト。オーバーヘッドの打点は「頭上の高い位置」ではなく、約ラケット半本分、低い位置だ。

GOOD ○

ゼロポジションとは？

肩に一番負担がかからず自然な腕の位置（角度）のこと。ケガをしにくく、シャトルに力が伝わりやすいポイントだ。ゼロポジションの位置は手を頭の後ろで組んで、その状態からヒジだけを伸ばす。そこがゼロポジションになる。

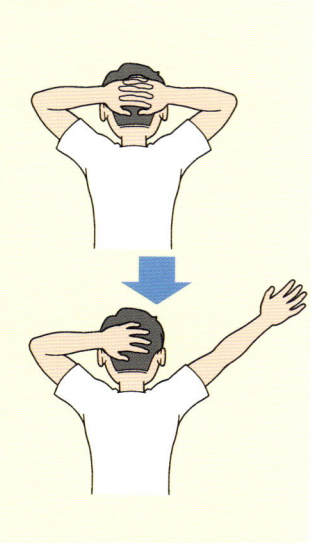

PART 3 フットワークで動いてみよう

広いコートをスムーズに動くためには、フットワークが大事。前後左右への動き出しと、センターへの戻り方までを覚えよう。

※右利きの選手をモデルにしています。

センターでの構え、リアクションステップ

センターでの構え

正面から

肩幅より少し広く

横から

前傾姿勢

リストスタンド

カカトは少し浮く

前後左右どこにでも動き出せるように、体全体をリラックス。両足を肩幅より少し広く開き、ラケットを持たない手は胸のあたりにキープしておく。

どんなショットにも対応できるように、リストスタンドしてラケットは体の前。カカトを少し上げて、両足の母指球（足裏の親指の付け根）に乗る。

NG ✕

正面から

ラケットが下

左手も下

横から

カカト体重

体重がカカトに乗った後傾姿勢、あるいは棒立ちでは、素早く動き出せない。スピードが魅力のバドミントンでは、ラケットが下にあるのも命取りだ。

基本となるセンターでの構えと、動き出すときのリアクションステップをチェック。
普段の練習から徹底して体に染み込ませていこう。

リアクションステップ

構え

リアクションステップ
真上に軽くジャンプ

着地して動き出す
右へ
着地

リアクションステップとは？

　基本の構えから動き出す直前にする、軽いジャンプなどのことを「リアクションステップ」という。止まったところからスムーズに動くための、きっかけとなる動作だ。ジャンプが大きすぎると、動き出すのが遅れたり、相手のショットとのタイミングが合わなくなったりするので注意。実際、リアクションステップの動きを究極まで小さくするトップ選手もいる。最初のうちは、小さくジャンプして着地したところから、すぐ動き出せるようにしたい。

センターからフォア前へ

ここからスタート

リアクションステップから

1

右

2

左をクロス

3

左

4

リアクションステップから右足を踏み出し、上体を真っすぐ保ったまま前へ。写真では左足を後ろにクロスしているが、前に送るツーステップで進むパターンもある。

目線の高さを変えない

カカトから着地

右

5

最後に踏み込む一歩は必ずカカトから着地して衝撃を吸収。シャトルがあるはずの方向にしっかり目線を向けて、ラケットを出していく。

基本の構えからリアクションステップを入れてフォア前へ。上体を真っすぐ保ち、着地はカカトから力強く。最後まで頭を下げないこと。

前に寄せた左足を使って立ち上がり、素早くセンターに戻る。試合のつもりで、最後まで目線を落とさないこと。

打ち終わりで左足を半歩ほど前に寄せて、戻る準備動作。

踏み込んだ右足に体重をグッと乗せて、「つま先の延長線上にシャトルがある」と想定。後ろにある左手でバランスを取って、上体を真っすぐ保つ。

センターからバック前へ

リアクションステップから左に半回転、右肩が前の状態でバック前へ。写真では左足を後ろにクロスしているが、前に送るツーステップで進むパターンもある。

目線の高さを変えない

カカトから着地

右

最後に踏み込む一歩は、つま先から着地すると足に大きな負担がかかる。必ずカカトから入り、シャトルがあるつもりでラケットを出す。

フォア前へと同じく、上体を真っすぐ保ち、着地はカカトから。戻る準備動作として、振り終わりで後ろの足を半歩寄せることも意識する。

7 右 半歩引き寄せる

打ち終わりで左足を半歩ほど前に寄せて、戻る準備動作。

反転 センターへ

8 左 9

前に寄せた左足を使って立ち上がる流れで体を反転。正面を向いてセンターへ。戻るまでがフットワークだ。

つま先の延長線上に打点

左手でバランスをとる

6 右

「踏み込んだ足のつま先の延長線上にシャトルがある」はフォア前と同じ。バック前は特に、頭が落ちて前に突っ込まないように意識する。

センターからフォアサイドへ

5 踏み込んだ足は必ずカカトから着地。
スイングに備えてリストスタンドしておく。

4 左足を送って、
フォア側へと進む。

6 頭と上体が横に倒れないように、体の軸
を真っすぐ保ち、回内動作でスイング。

7 ラケットを振ったら、
すぐ戻る動作に入る。

横へはツーステップで移動。「カカトから着地→ラケットを振る→戻る」
は前へのフットワークと同じ。体の軸が横に倒れないように注意。

センターでの構えからリアクションステップ。右足をフォアサイドに向けて着地し、
蹴り出した左足も推進力としてツーステップで進む。

半歩寄せた左足で立ち上がり、正面を向いて左足→右足のツーステップでセンター
へ。ラケットを振り終わった勢いを、戻る動作につなげていくのがポイント。

センターからバックサイドへ

リアクションステップから、体を左に半回転してバックサイドへ。蹴り出す右足も推進力として活用し、右肩を相手に向けるような体勢で左足を出す。

半歩寄せた左足を軸に、ラケットを振った勢いで体を反転させて正面を向く。右足→左足→右足のツーステップで素早くセンターに戻る。

動画で
チェック！

バックサイドへは「左足→右足」で移動。カカトから着地したら、右肩を相手コートに向けてテークバックして、力強くラケットを振る。

右

4

右足を踏み出す。

リストスタンド

右

カカトから着地

5

右肩の後ろを相手に向けた状態でカカトから着地。リストスタンドも忘れずに。

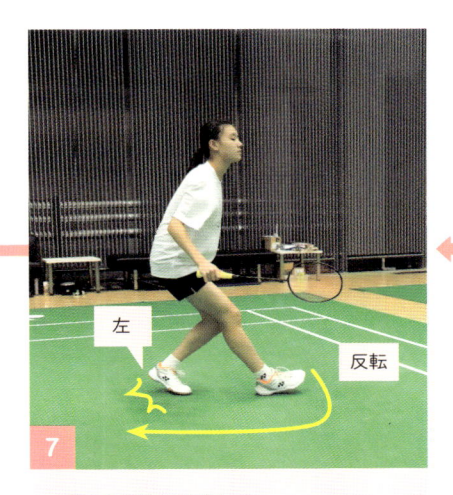

左

反転

7

左足を軸に反転。

回外で振る

体の軸を真っすぐ保つ

6

頭が下がらないように体の軸を真っすぐ保ち、回外動作でラケットを振る。

33

①ランニングステップでシャトルの下へ

右足→左足を後ろにクロス→左足、と足を運んで右後ろへ。テークバック（ラケットを引く動作）も入れながら、しっかりラケットを振れる準備をする。

最後の一歩をシャトルの下に運び、体重を100パーセント右足に乗せる。全身の力をためて、力強くラケットを振り出していく。

フォア奥へのフットワークの基本。リアクションステップ後、すぐ半身になってゆっくり下がる。まずは「足を動かす」を意識しよう。

リアクションステップから、まずは半身（体を横に向けた状態）になるのがポイント。右足を後ろに引いて、ゆっくり下がっていく。

試合と同じように全力でラケットを振り、その勢いで両足を入れ替える。後ろになった左足で強く蹴り出し、センターに戻る。

②ツーステップでシャトルに飛びつく

上体が横を向く

右

右

左

6 5 4

低い軌道のシャトルに対しては足をクロスせず、素早いツーステップで右後ろへ。踏み込んだ右足に100パーセント乗ってテークバック。

スイング

7 8 9

両足で着地

ラケットを振ったら、空中で足を入れ替えず、両足を横に開いて着地。すぐ前に出られるよう、前傾姿勢になっているのがポイント。

低い軌道のシャトルに対して、ゆっくり足を運べない場合は、ツーステップで飛びついて両足着地。右足で蹴り出して、すぐ前に出る。

ここからスタート

3 右

2 右後ろへ

1 リアクションステップ

リアクションステップから半身（体を横に向けた状態）に。低い軌道のシャトルに対しては、少し重心を落として速く動く意識を持つ。

10 前へ

11 右

12 センターへ 左

前傾姿勢での両足着地から、右足で強く蹴り出して前へ。勢いよく大きなステップでセンターに戻っていく。

動画で
チェック！

③低いシャトルへの対応

シャトルの落下地点（打点）は、着地する足より前にあること。カカトから着地し、体の内側でシャトルをとらえることも心がける。

リストスタンドして、回内動作を使ってスイング。ラケットを振った勢いで立ち上がり、素早く体勢を整えてセンターに戻る。

動画で
チェック！

より低い軌道でフォア奥に押し込まれた場合、足をスライドさせるように後ろへ。着地する右足の前でスイングできるように体を入れる。

ここからスタート

左をクロス

右

右後ろへ

3　　　**2**　　　**1**

低く速くフォア奥に押し込まれたら、足をスライド（横滑り）させる意識で後ろに下がる。足をクロスさせるのは距離を稼ぐため。

より低いシャトルに対するフットワーク

ここからスタート

回内で振る

戻る

100％乗る

右

着地した足に100パーセント体重を乗せ、リストスタンドして回内動作で振る。苦しい体勢でも、足の前、体の内側でシャトルをとらえ、振った勢いで素早く前へ。

①上体の回旋を使うラウンド

リアクションステップから、バック奥のシャトルに反応。まずは右足を後方に引いて体を斜めにし、焦らずゆっくり下がっていく。

最後に着いた右足に100パーセント乗り、体の軸を回転させてスイング。左手を突き上げるようにして、バランスを取るのもポイント。

バック奥はラウンドで振れるのが理想。アゴが上がらないように上体を保ち、半身の体勢から回旋運動（ひねる動作）を使ってスイング！

右足→左足を後ろにクロスして大きく下がる。自分の左斜め後ろのシャトルを追いながら、アゴが上がらないように注意。

空中で両足を入れ替えながら、素早く前に出られる体勢を作る。着地と同時に左足で強く蹴り出し、右足を大きく前に踏み出していく。

②上体の回旋(かいせん)を使わないラウンド

バック奥にゆっくり下がる余裕がない場合は、上体を正面に向けたままシャトルを追っていく。アゴが上がらないように注意。

正面を向いたままラケットを振る。追い込まれた場面なので、空中で両足を入れ替えながら、すぐ前に出られる体勢を作る。

動画でチェック！

まず半身になるラウンドだが、上体を正面に向けたままのパターンもある。ゆっくり下がる時間がない低い軌道のシャトルに対して使う。

上体が正面

左　　　右

4　　5　　6　　100%乗る

追い込まれた場面で、体ごとシャトルを追うイメージを持つ。最後に着いた右足に100パーセント乗るときも正面を向いている。

左

10　　センターへ

左足で蹴り出し、右足を前に出してセンターへ。

NG×

アゴが上がる

後ろ重心になって下がるのが遅くなり、力強くラケットを振れる体勢になれない。体の軸を保ってシャトルを追うことを心がけよう。

前に出られない

振り終わりで後ろ重心になると、左足で力強く蹴り出せない。まず右足に100パーセント乗って、ラケットを振った勢いで前に出る。

③ ハイバック

ここからスタート

後ろを向いて下がる

左

1　2　3

構えからリアクションステップ、着地して左足に乗る。体を回転させ、後ろ向きに
なって下がっていく。

肩にやさしい「ゼロポジション」
ハイバックとフォアは鏡合わせ

フォアの
ゼロポジション

ハイバックの
ゼロポジション

10　センターへ

前を向いて、セ
ンターへ戻る。

ラウンドで入れない場合に備えて、ハイバックも覚えておきたい。中途半端にならないように、体が完全に後ろを向くことを徹底する。

相手コートに背中を向ける

右

左

右

4　5　6

後ろを向いて、右足→左足→右足のステップでバック奥へ。中途半端にならず、完全に相手コートに背中を向けることがポイント。

前を向く

振った勢いで体を回転させる

ゼロポジション

9　8　7

肩に負担がかからない「ゼロポジション」が打点であることを意識してスイング。振った勢いで体を回転させて前を向く。

おすすめウオーミングアップ

①体操

ケガ防止やパフォーマンス向上のために、ウオーミングアップは重要だ。このページの体操、126ページのストレッチ、152ページのランニング、ステップ、ダッシュは、練習前に必ず取り入れたい。どのメニューも左右バランスよくやること。

1 ヒザの屈伸

できればカカトをつけたまま屈伸

2 伸脚

つま先を上げる

つま先を上げてヒザを伸ばす

3 上体の前後屈

前屈　　反る

上体を前に倒す　　後ろに反る

4 体側のばし

片手を耳につけて体の横を伸ばす

5 上体の回旋

腰を支点にして、左右に回旋

6 手首と足首の回旋

手首と足首をしっかりほぐす

7 軽い跳躍

その場で軽く両足ジャンプ

☞ストレッチは126ページ、ランニング、ステップ、ダッシュは152ページへ

PART 4 シャトルを打ってみよう

バドミントンの特徴の一つである、多彩なショット。思いどおりに打てるようになれば、普段の練習も試合も楽しさ倍増だ。

※右利きの選手をモデルにしています。

サービス①フォア・ロング

1 構え

シャトル

利き足

利き足を後ろにして両足をタテに開く。後ろの足は、土踏まずを相手コートに見せるように着く。シャトルは肩の高さぐらいで持つ。

2 トス

落とす

シャトルは投げ上げず、肩の高さから落とすだけでOK。

3 テークバック

体重移動

ラケットを少し引いてからシャトルに向かい、体重を後ろの足（軸足）から前の足へと移動していく。

主にシングルスで使われる、コート奥まで遠く高く飛ばすサービス。焦らず自分のタイミングで、ゆっくり大きく打つことを心がける。

6 フォロースルー

最後は背中に届くぐらい大きく振りきる。

5 スイング

シャトルに伝えた力を消さないように、ラケットを左肩へと大きく振り上げる。

大きく振る

4 ヒット

体の前でヒット

前の足に体重を乗せて、打点は体の前。テークバックの勢い、体重移動を利用して、スイングスピードを上げ、打つ瞬間に手首を返す動きを入れる。

サービス②フォア・ショート

① 構え

狭くてもOK

両足のスタンスはロングサービスと同じか、少し狭くてもOK。シャトルは体の近く、胸のあたりで持つ。

② トス

シャトル

胸のあたりに持ったシャトルを落とし、ほぼ同時にテークバック。ここから最後までシャトルをしっかり見ること。

③ テークバック

体重移動

トスとほぼ同時に、体の横で小さくテークバック。後ろの足（軸足）から前の足へと体重移動していく。

フォアのショートサービスは、やや横からのスイングでシャトルを送り出すように打つ。ネットすれすれの高さで入れる感覚をつかもう。

6 フォロースルー

大きなフォロースルーは取らず、すぐ次に備える。

5 スイング

送り出すように

シャトルがネットから浮かないように、ゆっくり送り出すように振る。スイングスピードはいらない。

4 ヒット

体の前でヒット

ラケットを少し横から振り出して、打点は体の前。前の足に体重を乗せて、当たる瞬間もシャトルをよく見る。

C HECK

理想のシャトル軌道

ショートサービスは、ネットすれすれに入っていくのが理想。シャトルを弾かないように、「ゆっくり送り出す」を意識しよう。

シャトル

サービス③バック・ショート（ダブルス）

1 構え	**2** テークバック	**3** ヒット

正面から

体の前でヒット

利き足を前に両足をタテに開く。ラケットとシャトルの位置は人それぞれだが、常に一定に。

ラケットを体の方に少し引く。タイミングを合わされないように、なるべく小さい動作で。

体重を前の足に乗せて、打点は体の前。自分が一番安定して打てる位置、当て方を探す。

横から

ほんの少し引く

コルクの先端が床から115cm以下

バックハンドのショートサービスを、握り、構えから見直す。緊張した場面でもしっかり打てるように、自分にとって一番いい感覚をつかもう。

④ フォロースルー

フォロースルーはほぼなし。ダブルスではここからラケットを上げて、ネット前を意識する。

C HECK バックサービスのグリップ

ショートもロングも、親指を立ててグリップの広い面に当てて握る。打つ瞬間にギュッと握って、シャトルに力を伝えよう。

親指を立てて
広い面に当てる

C HECK シングルスで構える位置

シングルスのサービスは、連続写真で紹介したダブルスより後ろ、ラケット1本分ぐらい下がった位置から打つ。

ラケット1本
分ぐらい

ショートサービスライン

サービス④ バック・ロング（ダブルス）

1 構え	**2** テークバック	**3** ヒット

正面から

体の前でヒット

構えはショートサービスと同じ。 特にダブルスでは、相手にショートかロングか読まれないこと。

ショートサービスより少し大きくラケットを引くが、相手にわからない程度にするのが理想。

体重を前の足に乗せて、体の前で弾くように打つ。ラケット面の真ん中に当てると距離が出る。

横から

少し引く

手首で弾く

ショートサービスとロングサービス、二つを組み合わせることで効果は増す。シャトルを飛ばすためには「回外動作」を使うのがポイントだ。

④ フォロースルー

回外で振る

回外動作を使うと、さらにシャトルを飛ばせる。高さを出すには、ラケット面を上向きにする。

C
HECK

シャトルが当たる位置

バックサービスは人それぞれの感覚が大事だ。シャトルが当たる位置は、大きく分けて二つ。自分に合う方で打とう。

①ラケット面の真ん中

安定して打てるが、弾いて飛びすぎることも。

②ラケット面の上部、下部

シャトルを弾かないが、ロングで距離が出づらい。

ドライブ①フォア・ストレート

① 打つ準備

イースタングリップ

棒立ちにならないように、軽くステップを踏んでシャトルを待つ。

② テークバック

右足を着く

シャトルの方向に右足を踏み出しながら、小さくラケットを引く。

CHECK 正面から

リストスタンドした状態から、ヒジ→手首→ラケットの順に振り出していき、打点は体の前。ラケット面をストレートに向けて、回内動作で振る。最初は大きくテークバックを取り、大きく振ってOK。当てにいこうとして、手先だけのスイングにならないようにすること。

床と平行に低い軌道で打ち合うドライブは、攻守で使う大事なショット。ネットから浮かない高さで安定して打てるようにしておきたい。

動画で
チェック！

③ ヒット

体の前でとらえる

踏み出した右足に乗って、体の前でシャトルをとらえる。

④ スイング

回内動作でラケットを振る。最後に少しかぶせて浮かないようにする。

ストレート

リストスタンド

回内動作で振る

ドライブ② フォア・クロス

1 打つ準備

イースタングリップ

棒立ちにならないように、軽くステップを踏んでシャトルを待つ。

2 テークバック

ストレートより早く打つ準備

クロスに向いて右足を踏み出しながら、小さくラケットを引く。

 CHECK 正面から

クロスドライブは、振り出すまではストレートと同じ。打点をフォアより少し前にして、ラケット面をクロスに向けて、シャトルをとらえることがポイントだ。ストレートと同じく、最初は大きく振ってOK。シャトルに当てやすいウエスタングリップにならないこと。

クロスドライブはラケット面をクロスに向けて、打点はストレートより少し前。リストスタンドからの回内動作で、少しかぶせるように打つ。

クロスに向く

ラケット面をクロスに向け、ストレートより前でとらえる。

クロスに向けた状態から、回内動作でかぶせるように振る。

クロスに向く

リストスタンド

回内動作で振る

ドライブ③ バック・ストレート

右足を踏み込んで打つ（体から遠いシャトルに対して）

1 打つ準備

親指を立てたバックハンドで握り、体を左側に回転させていく。

2 テークバック

右肩を相手コートに向けてラケットを引き、右足を左側に踏み出す。

左足を踏み込んで打つ（体に近いシャトルに対して）

1 打つ準備

親指を立てたバックハンドで握り、体に近いシャトルを迎える。

2 テークバック

両足を開いたまま左足に体重を乗せていき、ラケットを小さく引く。

バックハンドのドライブは、親指を立てて握り、リストスタンドからの回外動作で打つ。右足と左足、どちらを踏み出しても打てるようにする。

動画でチェック！

3 ヒット

体の前でとらえる

右足

右足を着いて、体の前で打つ。打点は踏み出した足の延長線上。

4 スイング

回外で振る

回外動作でかぶせるように振り、後ろの手でバランスを取る。

3 ヒット

体の前でとらえる

左足

左足に6割ぐらい体重を乗せて、体の前でシャトルをとらえる。

4 スイング

回外で振る

回外動作でかぶせるように振り、しっかりバランスを取る。

ドライブ④ バック・クロス

1 打つ準備

2 テークバック

バックハンドで握る。ここから右足を
踏み出すパターンを紹介。

右足を踏み出していき、ストレートよ
り早く打てるよう準備する。

NG ✕ バックハンドでよくあるNG！

NG①猫手

手首が折れて手の甲が前を向
く「猫手」は、シャトルに力が伝わ
らず、強いショットが打てない。
手首の故障につながる危険もある。

バックハンドのクロスドライブにもトライ。リストスタンドからラケット面をクロスに向けての回外動作と、打点を前にして打つのがコツだ。

③ ヒット

クロスを向く

ラケット面をクロスに向け、ストレートより前でとらえる。

④ スイング

回外で振る

回外動作で振る。左足を踏み出すパターンも練習しておくこと。

NG②差し込まれる

ラケットを引きすぎて打点が後ろの「差し込まれる」状態では、シャトルを強く飛ばすことができない。打点は必ず体の前にあること。

横から

ラケットが体の後ろ

クリア（ハイクリア／ドリブンクリア）

正面から

シャトルの落下地点に入って、右足に100パーセント乗ってテークバック。ヘソが横を向く「半身」の状態になっている。

後ろにあった右腰を前に回転させながら、体重を前へと移動。腰→肩→ヒジ→手首→ラケットの順に振り出していく。

クリアを飛ばすコツ

シャトルを力強く飛ばすには全身の力が必要。まずはヘソが横を向く半身の状態で、利き足に100パーセント乗って力をためる。そこから腰を回転させて前へ。「足→腰→肩→ヒジ→手首→ラケット」と力を伝えていくイメージで打ってみよう。

打点は体の前、肩の関節に負担がかからない「ゼロポジション」。全身の力をシャトルに伝えて打つ。

動画で
チェック！

コート奥からコート奥へと飛ばすクリア。守備的な「高く遠く」のハイクリアと、攻撃的な「低く速く」のドリブンクリアを打ち分ける。

ハイクリアとドリブンクリア

　ハイクリアは、高い打点から「高く遠く」コート奥へ。ドリブンクリアは、ハイクリアより前の低い打点から「低く速く」コート奥へ。ドリブンクリアはスマッシュと同じ力で、ためた力を一気に爆発させるイメージで打つ。

[軌道イメージ]

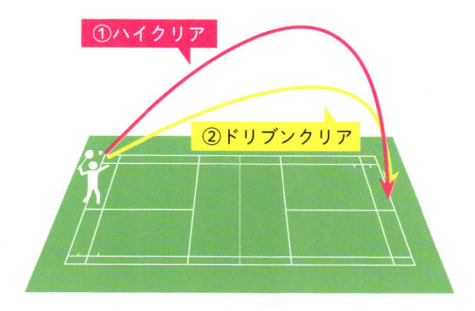

①ハイクリア

②ドリブンクリア

回内動作で、さらにパワーを加えて力強く振る！

フォロースルーは左脇下をめざして大きく振り抜き、右足で力強く蹴って前に出る。

横から

シャトルの落下地点に入って、右足に100パーセント乗る。ヘソが横を向く「半身」の状態で、左手を上げてバランスを取る。

後ろにあった右腰を前に回転させて、体重を前に移動。腰→肩→ヒジ→手首→ラケットの順に振り出していく。

 **CHECK** ▶ ドリブンクリアの打点

ハイクリアより前で少し低い

打点は体の前、「ゼロポジション」であること。全身の力と、打つ瞬間にグリップをギュッと握り込んで、シャトルにパワーを伝える。

①打点が後ろ

シャトルの落下地点に入れず体の前で打てないと、シャトルに全身の力を伝えられない。

②前に出られない

①のようにのけぞって打点が後ろだと、打ち終わりで体重が後ろに残って、前に出られない。

回内動作で、さらにパワーを加えて力強く振る！　最初は大きなスイングを心がける。

シャトルから目を離さず、打った勢いで前に出ていく。

プッシュ①フォア

1 構え

ショートサービスライン

ヒジを軽く曲げてラケットを上げる。グリップは親指と人差し指をゆるめ、リラックスして待つ。

2 テークバック

振り遅れないようにテークバックは小さく。ヒジの高さを保ったまま素早くラケットを引く。

正面から（ストレート）

ヒジの高さを保ったまま、ラケット面をストレートに向ける。シャトルをとらえたら、回内動作でスイング。力んで大振りしないように、コンパクトな打ち方を身につける。

面がストレート

回内で振る

ネット前から攻撃的に打つプッシュ。決めにいくだけでなく、相手を押し込んだり、ボディをねらったり、状況に応じて確実にネットを越す。

**動画で
チェック！**

3 ヒット

打点は顔の前

顔の前でシャトルをとらえる。打つ瞬間にグリップをギュッと握り込み、シャトルに力を伝える。

4 スイング

相手からすぐ返ってくるので、大きく振り抜かない。体の前でコンパクトに振って、すぐ①の構えに戻る。

クロス

面がクロス

正面から（クロス）

面がクロス　　回内で振る

プッシュ②バック

左足で踏み込む

右足を出す時間がないなど、左足を踏み込んで打つ場面もある。打点は必ず顔の前。

ヒジを伸ばす

スイングはヒジを伸ばすだけで、手首を曲げるような動作はしない。小さく振ってすぐ構える。

バックプッシュ・クロス

バックハンドのクロスプッシュは、ラケット面をクロスに向けてシャトルをとらえ、回外動作でスイング。打点は顔の前で、ストレートより少し早めのタイミングで打つ。

回外で振る

親指を立てたバックハンドで握って打つプッシュは、小さいテークバックでコンパクトにスイング。右足前と左足前、両方で打てるようにしたい。

ヒット 2

テークバック 1

ここからスタート

打点は顔の前

顔の前でシャトルをとらえるのはフォアと同じ。ヒジを高く保ってラケット面で押し出すように打つ。

右足

親指を立てたバックハンドで握り、ヒジを上げてラケットを少し引く。グリップは顔の前あたり。

C
HECK

プッシュの握り

フォア

手とグリップにすき間

　手とグリップの間にすき間ができるぐらい、親指と人差し指をゆるめ、打つ瞬間にギュッと握り込む。

バック

親指を
立てる

　親指を立ててグリップの広い面に当てる。最初はゆるく握り、打つ瞬間にギュッと握り込む。

プッシュ③ラウンド

スイング **4**	ヒット **3**

打点は顔の前

大振りせず回内動作でコンパクトに振り、ラケットを少し引き戻す動作を入れて①の構えに戻る。

利き手と反対側の顔の前でシャトルをとらえる。体が倒れないように左手でバランスを取る。

回内で振る

打点は顔の前

利き手と反対側で体に近いシャトルは、フォアの握りのままラウンドでプッシュ。バックで打つかラウンドで打つか、練習の中で判断力も磨く。

テークバック ② ### 構え ①

横から

ショートサービスライン

ヒジを高く

ヒジを高く上げてテークバック。ラケットを頭の反対側に回すが、大きな動作にならないこと。

ヒジを軽く曲げてラケットを上げる。グリップは親指と人差し指をゆるめ、リラックスして待つ。

正面から

バックかラウンドか

　バックで打つかラウンドで打つか。右利きの選手の場合、「左肩より内側＝ラウンド、左肩より外＝バック」が基準の一つ。迷わないように、自分なりの基準を見つけておくこと。

ドロップ

ここからスタート

1 2

シャトルの落下地点に入り、右足に100パーセント乗ってテークバック。ラケットを振り出すところまでは、カット（76ページ）、クリア（64ページ）、スマッシュ（100ページ）と同じ。

比較 カット

面を斜めに切る

シャトルと面が真っすぐ当たる

3

カットはラケット面を斜めにして、シャトルを切って打つ。

シャトルとラケット面は真っすぐ当たる。シャトルを「面」でとらえる感覚で打つ。

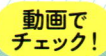

主にコート奥からネット前に落とすショットのうち、ラケット面をシャトルに真っすぐ当ててるのがドロップ。ネット際に落とすのが理想だ。

ドロップとカット

主にコート奥から相手ネット前に落とすショット。ラケット面を真っすぐ当てるドロップは、ネット際に吸い込まれるように落ちるのが理想。カットはドロップより速く長い軌道で、床に滑り落ちていく。

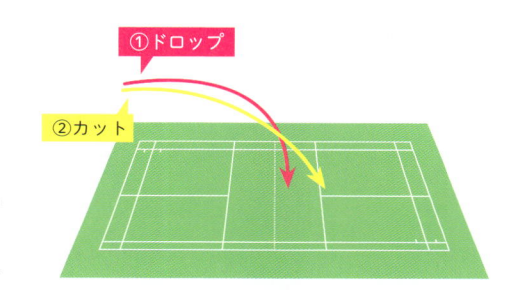

①ドロップ
②カット

4

振り抜いて前へ

5

スイングはクリア、スマッシュより少し遅いが、シャトルに力を伝えながらコントロール。

フォロースルーは小さくならないように。右足で力強く蹴り出してセンターに戻る。

カット①フォア・ストレート

ここからスタート

シャトルの落下地点に入り、右足に100パーセント乗ってテークバック。ラケットを振り出すところまでは、ドロップ（74ページ）、クリア（64ページ）、スマッシュ（100ページ）と同じ。

シャトルをとらえて…

巻く

まずはラケット面をフラット（真っすぐ）に、シャトルを正確にとらえる。

フラットから「巻く」イメージで。あまり大げさな動きにはならない。

ドロップに対して、ラケット面を斜めにしてシャトルを切って打つのがカット。ドロップよりスピードがある分、攻撃的で決め球にもなる。

イメージは「巻く」！

　カットは、ラケット面とシャトルの当て方のバリエーションが豊富で、感覚は人それぞれ。フォアのストレートカットは、面をフラットに当ててから切る。それを「巻く」とイメージしてみよう。

面が斜め

巻く

ストレートに振る

5

クリアやスマッシュよりスイングスピードは遅いが、ストレート方向に振る。

振り抜いて前へ

6

最後まで体重を乗せてしっかり振り抜き、前に出てセンターへと戻る。

カット②フォア・クロス

フォアカット
クロスの当て方

　ここでは「7〜8割のスイングスピードで、最後にスパッと切る」と紹介しているが、当て方、切り方は人それぞれ。練習して自分の感覚を見つけよう。切りすぎると失速してネットにかかったり、サイドアウトになったりするので注意。

斜めから…

スパッ

ここからスタート
面が斜め

1

2

クリアやスマッシュと同じように入り、ラケット面を斜めにしてシャトルを切る。

7〜8割のスイングスピードで、最後に「スパッ」と切るのがコツ。

カットはシャトルのとらえ方、切り方を工夫して、相手を惑わすことができる。クロスに落とすカットは「切る」をより明確にして打つ。

NG✕ 体ごとクロスに向く

体ごとクロスを向いて打つと、相手にコースがわかってしまう。打ち終わってすぐセンターに戻ることも考えて、「体は正面、ラケット面とスイングはクロス」で打つ！

体がクロスに向く

そのままクロスへ

クロスに振る

③ 体が流れないように正面を向いたまま、ラケットをクロス方向に振る。

振り抜いて前へ

④ 最後までしっかり振り抜き、体重移動して前に出てセンターへと戻る。

カット③ラウンド・ストレート

ここからスタート

バック奥のシャトルに対し、しっかり足を運んで下がる（40-41ページ参照）。

頭の上

打点は体の前で、頭の上。体に近いところでシャトルをとらえる。

ストレートに振る

頭の上でシャトルをコントロールするイメージで、ストレートに振る。

バック奥に追い込まれたとき、つなぐためのショットとして欠かせないのがラウンドのカット。確実にネットを越すように練習しておくこと。

シャトルの落下地点に入り、体重を右足に100パーセント乗せてテークバック。

しっかり振り抜く

7〜8割のスイングスピードで振り抜き、打ち終わりで前に出る意識を持つ。

前へ！

左足で力強く蹴り出して前へ。追い込まれた状況なので、素早くセンターへ。

カット④ラウンド・クロス（リバースカット）

ここからスタート

面が外向き

手の甲が内側

シャトルはクロスへ

手の甲が内側

体は正面

打点は前で、頭の上。手の甲が内側を向く状態でシャトルをとらえる。

手の甲が内側、体が正面を向いた状態で、ラケットを振り下ろす。

当て方 UP

面が外向き

手の甲が内側

手の甲が内側

手の甲が内側

ラウンドからクロスに、ラケットを外に振って打つリバースカット。上級者にも難しい技術だが、一発逆転のショットとして覚えておきたい。

しっかり振り抜く

3

体が正面を向いたまま、7〜8割のスイングスピードで振り抜く。

前へ！

4

追い込まれた状況からのクロスなので、左足で蹴り出してすぐ前へ。

NG✕　打点が体から遠い

　打点が遠いと力がシャトルに伝わらず、コントロールしづらい。クロスに届かせるには、ある程度のスイングスピードが必要。足を使ってシャトルに追いつき、体をしっかり入れて打つ！

打点が遠い

ロブ①フォアのハイロブ・ストレート

半歩寄せる

打ち終わったら、左足を半歩引き寄せて体勢を立て直す。守る展開なので、相手をよく見て、戻る動作までしっかり身につける。

シャトルを見る

打ちたい方向にラケットを振り抜く（フォロースルー）。ここではストレートに高く遠くに打ちたいので、真っすぐ振り上げる。頭を下げず、目線はシャトルを追う。

**動画で
チェック！**

高く遠くに飛ばすハイロブは、アンダーハンドストロークの基本。真っすぐ飛ばすために、体の入れ方、ラケット面の当て方を意識する。

1

ここからスタート

カカトから着地

ラケットを引く「テークバック」をしながら前に出て、右足をカカトから着地。うまく飛ばせないうちは、テークバックを少し大きめに反動を利用してもOK。

2

打点

踏み込んだ右足にしっかり乗り、シャトルをよく見て、高く遠くに打ち上げる。打点は体より前で、踏み込んだ足のつま先の延長線上。左手でバランスを取る。

ロブ②フォアのハイロブ・クロス

クロス方向に振る

クロス方向に大きく振り上げて、シャトルを見ながら、素早くセンターに戻る動作に入る。

面がクロス方向

踏み込んだ右足にしっかり乗り、クロスに打ちたいので、ラケット面を斜めに出していく。打点はシャトルがよく見える体の前、踏み込んだ足のつま先の延長線上。全身の力をシャトルに伝えて高く遠く打ち上げる。

フォアからクロスへのハイロブは、腕の力だけでは高く遠くに飛ばせない。シャトルの近くに足を運び、安定した体勢で打つことを心がける。

ホームポジションでリアクションステップ（25ページ）を入れて、右足に乗って前に出る。

ここからスタート

右

後ろにクロスした左足に乗って、さらに前に出て、体をシャトルの近くへと運ぶ。シャトルを高く遠くに飛ばすためには、全身の力が必要だ。

左

カカトから着地

小さくテークバックしながら、踏み込んだ右足をカカトから着地。つま先から着地するとケガにつながるので、絶対にやめること。

ロブ③フォアのアタックロブ・ストレート

半歩寄せる

低く速い軌道になるように、シャトルを押し出し、フォロースルーはほとんどなし。
相手からの返球が早いので、より早く体勢を立て直して次に備える。

リストスタンド

ラケット面をストレートに向けたまま、リストスタンドして、コンパクトなスイン
グで打つ。イメージは「たたく」。距離が短いストレートは、飛ばしすぎてアウト
にならないよう注意すること。

下から打つが、低く速いシャトル軌道で相手をコート奥に追い込む、文字どおり攻撃的なロブ。ストレートに正確に打てるよう練習しておく。

動画でチェック！

ここからスタート

浮いてきたシャトル

1

浮いてきたシャトルに対して、高い打点でとらえることをめざして前へ。ラケット面が下がらないように、リストスタンドする。

カカトから着地

2

テークバックはほとんど取らず、体の前、顔の高さあたりでシャトルをとらえることを意識。踏み込んだ右足をカカトから着地して、ラケット面をしっかりストレートに向ける。

ロブ④フォアのアタックロブ・クロス

ハイロブとアタックロブ

[軌道イメージ]

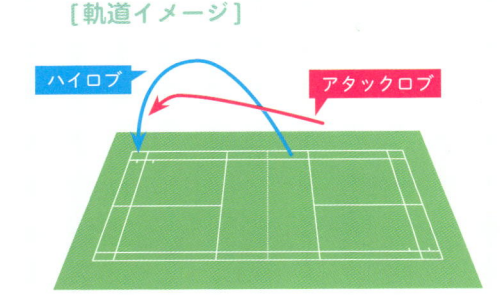

ハイロブ
アタックロブ

【ハイロブ】
相手コートの奥まで高く遠く飛ばす。シャトルの滞空時間が長いので、自分の体勢を整える時間を作ることができる。

【アタックロブ】
ハイロブより高い打点から、低く速い軌道でコート奥に相手を追い込む。打点は肩より下だが、攻撃的なショット。

クロス方向に振る

ハイロブより小さいフォロースルーで、クロス方向に低く速くシャトルを押し出す。すぐに返ってくるので、相手をよく見て、素早く次に備える。

フォアからクロスに打つアタックロブは、特にシングルスで有効打になりやすい。しっかり足を運んで、シャトルをコントロールすること。

浮いてきたショットに対して、高い打点でとらえることをめざして前へ。

ここからスタート

ストレートと同じで、テークバックはほとんど取らない。顔の高さで素早く打つことをめざす。

面がクロス方向

カカトから着地

右足を大きく踏み込んでカカトから着地。打点は体より前で、顔の高さあたりが理想。クロスに打つので、ラケット面をクロスに向けて、コンパクトなスイングで「たたく」。

ロブ⑤バックのハイロブ・ストレート

半歩引き寄せて戻る

高く遠くに飛ばすために、フォロースルーは大きく。下を向かず、頭を上げてシャトルをしっかり見る。守りの展開なので、左足を半歩引き寄せて、すぐに戻ることを意識する。

真っすぐ振り上げる

打点は体の前、踏み込んだ足のつま先の延長線上。面はしっかりストレートに向けて振り上げる。親指で押し出すようにしてシャトルに力を伝える。

親指を立てたバックハンドで握って打つロブ。まずはハイロブを真っすぐ打てるように、シャトルの当て方とスイングをくり返し練習する。

親指を立てたバックハンドで握って、リストスタンド。右足を大きく踏み込んでシャトルに追いつく。着地は必ずカカトから。シャトルをよく見て、自分にとって一番いい距離感を練習でつかむ。

ヒジを少し引いて、フォアよりやや大きくテークバック。腕をムチのように使うイメージで、ラケットを振り上げていく。

ロブ⑥ バックのハイロブ・クロス

クロスへ

ストレートより距離が長いので、最初は大きくクロス方向にラケットを振り抜くことを意識。打ち終わりで左足を半歩引き寄せて、相手を見ながらすぐ戻ることを忘れずに。

打点は体の前、踏み込んだ足のつま先の延長線上。クロスに打ちたいので、面をクロスに向けてシャトルをとらえ、親指で押し出すようにシャトルに力を伝えて打つ。

面がクロス方向

初心者には難しい、バックからクロスに打つハイロブ。しっかり足を運び、着地した足元からシャトルに力を伝えて、高く遠くへと飛ばす。

バックハンドで握ってリストスタンド。ホームポジションでリアクションステップ（25ページ）を入れて、右足に乗って前に出る。

ここからスタート

バックハンド

左足に乗ってさらに前に出て、体をシャトルの近くへと運ぶ。シャトルを高く遠くに飛ばすためには、全身の力が必要。ストレートより距離が長いクロスは特に、自分が一番打ちやすい距離感を練習でつかむこと。

リストスタンド

ヒジを少し引く

ヒジを少し引いて、フォアよりやや大きくテークバック。最初は大きめにラケットを引いて、反動を使ってもOK。動作が大きくなっても、目線はしっかりシャトルをとらえること。

ロブ⑦バックのアタックロブ・ストレート

半歩寄せる

ストレートへの低く速い軌道なので、相手から早く返ってくる。シャトルと相手をよく見ながら、左足を半歩引き寄せ、すぐに体勢を整えて次の展開に備える。

バランスを取る

コンパクトなスイングで、シャトルを真っすぐに押し出す。フォロースルーで思いきり振り抜かない。ラケットを持たない手でバランスを取ることも意識する。

バックからストレートに打つアタックロブは、打ってから戻るまでを一連の動作に。特に「戻る」を意識して、次の相手からの返球に備える。

ここからスタート

バックハンド

バックハンドで握ってリストスタンド。ラケットを高い位置で持って、シャトルをよく見ながら近づいていく。

高い位置で

テークバックはほとんどないまま、体の前の高い位置（顔の高さが理想）でシャトルをとらえる。高く上がらないように低く速く、「たたく」イメージで。

ロブ⑧ バックのアタックロブ・クロス

アタックロブでフェイント

　バックのアタックロブは、フェイントを入れやすい。テークバックから実際に打つまでに一度、動作を止めて相手を見る。ロブを警戒して下がっていたら、写真のようにネット前へ。ネット前に出てきたら奥へ。ストレートを警戒していたらクロスへ、クロスを警戒していたらストレートへ。スムーズに打ち分けられるように練習してみよう。

シャトルに近づく

動作を止める

ネット前へ

シャトルと相手をよく見ながら左足を半歩引き寄せ、すぐに体勢を整えて次の展開に備える。

半歩寄せる

バックのアタックロブも、シングルスに欠かせないショット。ストレートとクロスを正確に打ち分けられるように、しっかり練習しておく。

バックハンドで握ってリストスタンド。ラケットを高い位置で持って、シャトルをよく見ながら近づいていく。ストレートと変わらない入り方で相手を迷わせる。

ここからスタート

バックハンド

テークバックはほとんどないまま、体の前の高い位置（顔の高さが理想）でシャトルをとらえる。高く上がらないように低く速く、シャトルをクロス方向に押し出す。

クロスへ

バランスを取る

打ち終わりで大きく振り抜かないが、ラケット面はしっかりクロスに向ける。ラケットを持たない手でバランスを取ることも意識。

スマッシュ

シャトルをとらえる
打点をチェック！

スマッシュの打点

角度がつく

より高い位置で打ちたいが、頭の真上ではなく「頭上より少し前」。体重を乗せやすく、角度をつけやすい位置。

ハイクリアの打点

高く飛ばす

高く飛ばしたいが、頭の真上ではない。肩の関節に負担がかからない「ゼロポジション」（22ページ）で打つ。

フォロースルー **5**

前へ

打ち終わりのフォロースルーは左脇の下へ。打った勢いで右足が前に出て、すぐセンターポジションへと戻っていく。

左脇の下へフォロースルー

スイング **4**

左手は胸の高さ

シャトルをとらえたら、回内動作（15ページ）を入れてフルスイング！ 左手は胸の高さあたりで、体のバランスを取る。

バドミントンの華であり、シングルスでもダブルスでも一番攻撃的なショット。全身の力をシャトルに伝えられるフォームを身につけたい。

動画でチェック！

| 打つ！ 3 | テークバック 2 | 右足に100%乗る 1 |

ここからスタート

正面から

シャトルの落下地点より後方に素早く入り、右足に100パーセント乗る。ここで溜めたパワーを、体重移動してシャトルに伝えていく。

ラケットを引く「テークバック」の動作から、ラケットを振り出していく。ここで強く打とうとして力まず、リラックスすること。

腰が回転

腰を前に回転させて、頭上より少し前にあるシャトルにすべての力をぶつける。打つ瞬間、グリップをギュッと握って、さらに力を伝える。

横から

100%乗る

打点は頭上の少し前

着地から前へ ⑥	フォロースルー ⑤	スイング ④

前へ

左脇の下へフォロースルー

回内動作でフルスイング

速いスマッシュを打った分、早いタイミングで返ってくる。左足から右足に体重移動して、すぐ前へ。

左脇の下に向けてフォロースルーしながら、左足で着地。安定した着地から力強く蹴り出して、前に出ていく。

回内動作（15ページ）を入れてフルスイング！　左手を胸の高さにするなど、空中でバランスを取る。

右足

左足

打つ！ **3**	空中で テークバック **2**	両足で踏み切る **1**

正面から

胸を張る

両足で踏み切る

溜めたパワーを一気に爆発させるようにシャトルに伝える。斜め前に跳んだ分、打点は体よりかなり前にある。

空中で胸を張り、体を反ってテークバック。両ヒザを曲げてパワーを溜めることもあるが、意識しなくてOK。

シャトルの落下地点より後方に入り、両足で踏み切って斜め前に跳ぶ。ジャンプする時間が必要な分、早く入ること。

横から

打点はかなり前

体を反る

シャトルの落下地点より後ろ

ヘアピン① フォア・ストレート

ここからスタート

肩の高さをキープ

ロブ（84〜91ページ）と同じように、シャトルをよく見て、しっかり足を運んでシャトルに近づく。ラケットの位置が下がらないように、肩の高さあたりをキープ。

ヘアピン・フォアのコース

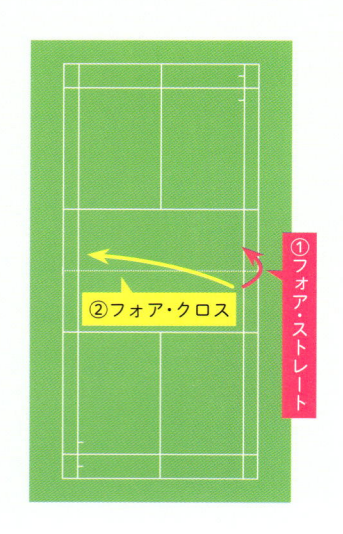

②フォア・クロス

①フォア・ストレート

目線、ラケット、シャトルが肩の高さ

カカトから着地

最後の一歩はカカトから着地。打点の目標はロブと同じ、踏み込んだ足のつま先の延長線上。目線、ラケット、シャトルが肩の高さにあり、体や頭がぐらつかないこと。

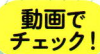

バドミントン特有の、ネット際に落とすヘアピン。まずはフォアのストレートをきっちりコントロールして、ネットを越えられるようにする。

最後までシャトルをよく見て、
戻る動作に入る。

最後までシャトルを見る

前へ

乗り込む

踏み込んだ足にグッと体重を乗せ、その力をシャトルに伝える。腕が伸びきらず、少し余裕がある状態で、「シャトルを運ぶ」イメージ。ラケット、ヒジ、手首による操作は、コントロールが不安定になる原因なので、必要ない。まずは、ラケット面とシャトルを真っすぐ当ててネットを越える、基本の「リフトネット」からスタートする。

ヘアピン②フォア・クロス

ここからスタート

横から

目線、ラケット、シャトルが肩の高さ

クロスへ

リストスタンド

入り方はストレート（104〜105ペー
ジ）と同じ。目線、ラケット、シャト
ルが肩の高さにある状態が、最も安
定する。

最後の一歩はカカトから着地。リス
トスタンド（15ページ）した状態から、
ラケット面をクロスに向けてシャト
ルをとらえる。

正面から

リストスタンド

クロスに向ける

リストスタンドした状態から、ラケット面をクロスに向けてシャトルをとらえる。

フォア前からクロスへのヘアピンは、リストスタンドして「シャトルを運ぶ」
イメージで。サイドアウトにならないように、力加減を意識する。

クロスに倒す

前へ

前に体重を乗せながら、ラケットを
ゆっくり倒して、シャトルをクロス
に送り出す。「シャトルを運ぶ」とイ
メージしてもOK。

最後までシャトルを見る

サイドアウトにならないように力加
減をはかりながら、最後までシャト
ルをよく見て、戻る動作に入る。

ゆっくり倒す

ラケット面をゆっくり倒す。少しずつスイングを小さくして、自分の感覚をつかむ。

ヘアピン③バック・ストレート

最後までシャトルを見る

最後までシャトルをよく見て、
戻る動作に入る。

ヘアピン・バックのコース

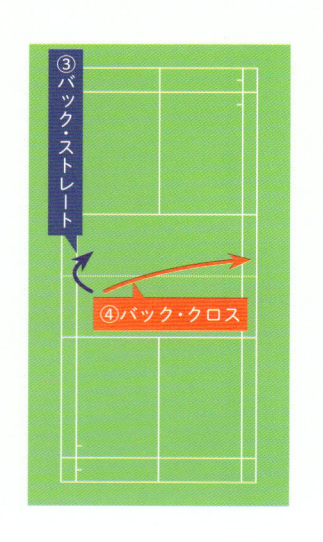

③バック・ストレート

④バック・クロス

乗り込む

前へ

バックも、ラケット面とシャトルを真っす
ぐ当ててネットを越える、基本の「リフト
ネット」からスタート。踏み込んだ足にしっ
かり体重移動して、足と体でシャトルを運
ぶイメージで打つ。手先のラケット操作は
ミスの元になるので、必要ない。

バックハンドで打つヘアピンは特に、足をしっかり運んで体を入れて、
安定した体勢で確実にコントロールすること。手先だけでは打てない。

握り方をチェック！

バックのヘアピンは握り方が大事。
グリップの細い部分に、親指の内側
の側面を当てて握る。この状態がラ
ケット面を真っすぐ出しやすい。リス
トスタンド（15ページ）も忘れずに。

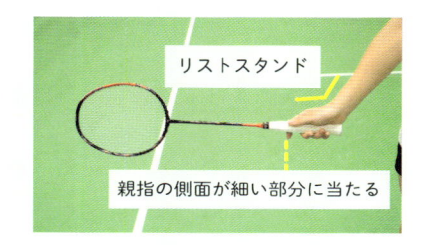

リストスタンド

親指の側面が細い部分に当たる

入り方はロブ（92〜99ページ）と同じ。
上写真のようにラケットを握り、面
をシャトルに対して真っすぐ向ける。
しっかり足を運んでシャトルに近づ
きながら、ラケットの位置を肩の高さ
あたりでキープするのはフォアと同じ。

ここからスタート

ラケット面を
真っすぐ向ける

シャトルとラケット面が
真っすぐ当たる

カカトから着地

ラケット面を真っすぐ出し
ながら、最後の一歩をカカト
から着地。

ヘアピン④ バック・クロス

最後までシャトルを見る

クロスに倒す

前へ

サイドアウトにならないように力加減を
はかりながら、最後までシャトルをよく
見て、戻る動作に入る。

前に体重を乗せ、ラケットをゆっくり倒
してクロス方向へ。前の足に乗せた体
重を、ラケットからシャトルに伝える。

ゆっくり倒す

ラケット面をゆっくり倒してクロスへ。フォアからのクロスと同じく、少しずつス
イングを小さくしながら、サイドアウトにならないように自分の感覚をつかんでいく。

足を運んで体を入れて、リストスタンドして「シャトルを運ぶ」のはフォア
と同じ。バックハンドで自在に打てるように練習を重ねていく。

動画で
チェック！

リストスタンド

クロスへ

カカトから着地

最後の一歩はカカトから着地。リストス
タンド（15ページ）した状態から、ラケッ
ト面をクロスに向けてシャトルをとらえる。

横から

ここからスタート

親指を立てて握る

ラケット面が安定するように、109ペー
ジのように親指を立てて握り、ストレート
（108～109ページ）と同じように入る。

クロスに向ける

正面から

親指を立てて握る

親指を立てたバックハンドで握り、ネット前に足を運ぶ。しっかり止まり、リスト
スタンドした状態でラケットをクロスに向けて、シャトルをとらえる。

レシーブ①ロング・フォア

1 構え

正面から

相手にヘソを向ける

肩幅より少し広く

両足を肩幅より少し広く開き、前傾して「く」の字の姿勢になる。シャトルを打つ相手にヘソを向けて構える。

横から

前傾姿勢

体の前

2 テークバック

右足に乗る

右足に体重を乗せながらテークバック。リストスタンドして「8の字」(22ページ)を使う小さな動作で。

リストスタンド

主に相手からの強打を返すためのレシーブ。シャトルに対してヘソを
向け、安定した構えから、体の前でシャトルをとらえて確実に打ち返す。

③ ストレートにレシーブ

真っすぐ振り上げる

体の前でシャトルをとらえ、「8の字」
のスイングでラケットを振り上げる。
前傾姿勢から体を開くイメージ。

体の前で打つ

クロスにレシーブ

より前でとらえて…

クロスへ

　クロスに返したいときは、
打点をより前にして、ラケッ
トをクロス方向に振り上げる。
打点が後ろにある、差し込ま
れた状態からは、クロスに大
きく返すのは難しい。

レシーブ②バック握りのフォア側

1 バックの握りでフォアへ

正面から

右足に乗る

親指を立てたバックハンドで握ったまま、フォア側へ体重移動。ヒジの高さを保って右足に乗り込む。

横から

バックハンド

2 ヒジを上げる

打点は体の前

懐（ふところ）に空間を作り、打点は体の前。リストスタンドした状態からヒジ→手首→ラケットの順に振り出す。

空間

親指を立てたバックの握りから、握り替える時間がなく、フォア側でレシーブする場面がある。難しい技術だが、参考として覚えておきたい。

3 レシーブ

ヒジから振り上げる

前傾姿勢から一気に体を開き、最後に親指で押し出すように打つ。全身の力をシャトルに伝えて飛ばす。

一気に体を開く

4 フォロースルー

少し戻す

ラケットを振り上げた後、少し戻す動作を入れる。スイングを安定させ、次の動作に移るためのポイント。

少し戻す

レシーブ③ショート・フォア

守備的なショートレシーブ

1 右足を踏み出す

右足

2 シャトルをとらえる

シャトルの勢いを吸収

攻撃的なショートレシーブ

1 右足を前に踏み出す

シャトル

右足

2 より前でシャトルをとらえる

より前で、
より早くとらえる

相手の強打をネット前に返すショートレシーブ。シャトルのスピードを
利用して、小さなスイングでネットの高さギリギリに返すのが理想。

③ シャトルを送り出す

ネット前へ

①フォアサイドに打たれた強打に
対して、右足を踏み出す。
②リストスタンドして、シャトルと
ラケット面を「合わせる」イメー
ジで、シャトルの勢いを吸収する
ようにとらえる。
③コンパクトなスイングで、ネット
前に落とす。

③ シャトルが浮かないように送り出す

低く速くネット前へ

①フォア側に打たれた強打に対して、
より早くさわるため前に出る。
②打点は体の前。守備的レシーブ
より前、早いタイミングでシャト
ルをとらえる。
③より低く速い軌道になるように、
シャトルをネット前に送り出す。

レシーブ④ロング・バック

右足を出してレシーブ

右足

遠いシャトルに対しては、右足を踏み出してレシーブ。振った勢いで正面を向き、すぐに体勢を整えて構える。

クロスにレシーブ

面がクロス

より前で

クロスへのレシーブは、より前でシャトルをとらえ、ラケット面をクロスに向ける。リストスタンドして力強く打つ！

フォロースルー ❸

下半身の力も使う

前傾姿勢の構えから、一気に体を開いて振り上げる。ヒザの曲げ伸ばしなど、全身の力をシャトルに伝えて飛ばす。

一気に体を開く

力が入りづらいバックでのレシーブは、ヒザの屈伸運動など全身の力を使う。スイングはヒジから始動し、腕をムチのようにしならせる。

動画でチェック！

ストレートにレシーブ 2

左足

左足に体重を乗せ、体の前でシャトルをとらえる。ヒジ→手首→ラケットの順に、ムチのようにしなやかにスイング。

テークバック 1

正面から

ここからスタート

早めに引いて準備

親指を立てたバックハンドで握り、リストスタンドして「8の字」の動きから、ヒジを引く。テークバックは早めに。

体の前でヒット

横から

リストスタンド

レシーブ⑤ショート・バック

右足を出してレシーブ

右足

体から遠いシャトルには、右足を出してレシーブ。ラケットを伸ばせば、自然と右足が出るので、あまり意識しなくてOK。

クロスにレシーブ

面がクロス

より前で

打点はストレートより前。強打の勢いに負けないように、リストスタンドして、ラケット面をクロスに向けてコントロール。

小さくスイング **3**

小さく振る

短く返すので大振りはしない。小さくコンパクトなスイングで、シャトルをネット前にコントロールする。

ネット前へ

バック側のレシーブは差し込まれないよう、体の前でシャトルをとらえる。
リストスタンドして、小さなスイングでネット前にコントロールする。

動画で
チェック！

ここからスタート

ネット前にレシーブ ②

シャトルの勢いを
吸収

リストスタンドしてラケット面を安定
させ、強打の勢いを吸収。シャトルに
合わせるように、体の前でとらえる。

体の前で打つ

小さくテークバック ①

正面から

左足

左足を踏み出しながら、少しラケット
を引いてテークバック。短く返すので、
大きなスイングはいらない。

横から

リストスタンド

少し引く

ハイバック（カットとクリア）

握り方をチェック！

　親指を立てて、グリップの細い部分に逃すように握る。広い部分に乗せて握ると、スムーズにスイングできない。自分にとって一番いい位置を探していくこと。

親指が細い部分にある

打点はゼロポジション

後ろ向きでのゼロポジション

　ハイバックの打点は、フォアカット（76〜79ページ）の真逆。肩に優しいゼロポジション（22ページ）が理想だ。高い打点にしようと腕が伸びきると、力が入らないうえにコントロールが難しい。シャトルが高い位置だったら少し待つ、低い位置だったら体ごと下がる。コントロールしやすい「体の横」で打つこと。

ハイバックのストレートカット（正面から）

1 シャトルの落下地点へ　**2** テークバック　**3** インパクト

完全に後ろを向く

右足

ヒジから振り出す

ゼロポジション

ハイバックで打つと判断したら、相手コートに背中を向けてバック奥に下がる。

シャトルの落下地点に入ってカカトから着地。ヒジ→手首→ラケットの順に振り出す。

ゼロポジションでシャトルをとらえる。リラックスしておいて打つ瞬間にギュッと握る。

動画で
チェック！

バック奥から、相手コートに背中を向けて打つハイバック。難しいショットだが、一番いいタイミング、打点で打てるように練習しておきたい。

スイングの基本（横から）

ここからスタート

エンドライン方向

回内

回外

ネット方向

体の横、肩に優しいゼロポジションで、回内・回外運動を使ってスイング。力まずスムーズに振って、シャトルを当てられる位置とタイミングを、練習で身につける。

4 スイング　　**5 フォロースルー**　　**6 正面を向いて前へ**

真っすぐ振る

回転

センターへ

ストレートに打ちたい場合は、ラケットを真っすぐ振る。打ち終わりもリラックス。

フォロースルーは自然な流れで。スイングの勢いで体を回転させて、正面に向いていく。

試合では追い込まれた状況なので、すぐに正面を向いて、センターに戻る。

ハイバックのクロスカット

1 テークバック　**2** インパクト　**3** スイング

正面から

後ろを向く

カカトから着地

ゼロポジション

クロスへ

後ろを向いてバック奥に下がり、最後の一歩をカカトから着地。ヒジ→手首→ラケットの順に振り出していく。

腕が伸びきらない「ゼロポジション」でシャトルをとらえる。着地→打つという流れで、安定させる。

ハイバックはラケット面がクロスを向いて入るので、そのまま振り下ろすと自然とクロス方向に飛ぶ。

横から

ヒジから振り出す

体の横でヒット

正面を向く

動画で
チェック！

ハイバックのクリア

| 1 シャトルの落下地点へ | 2 テークバック | 3 インパクト |

正面から

相手コートに完全に背中を向けて、バック奥のシャトルを追って落下地点へ。

最後の一歩をカカトから着地して、たたんでいたヒジ→手首→ラケットの順に振り出す。

足を強く踏み込むと同時にシャトルをとらえ、足から全身の力を伝える意識で打つ。

| 4 スイング | 5 フォロースルー | 6 正面を向いて前へ |

回外動作（15ページ）で振ることで、スイングに速さと鋭さを出して飛ばす。

ラケットは振り抜いてOK。慣れてきたら、コンパクトなスイングをめざす。

スイングの勢いで体を回転させ、正面を向いてすぐにセンターへと戻る。

おすすめウオーミングアップ

②ストレッチ

　ストレッチは反動をつけたり、無理に押さえつけたりしないこと。どの種目も左右バランスよく、深呼吸をしながら、20秒程度ゆっくり伸ばす。伸ばしているところが「気持ちよく十分に伸びている」という感覚を味わうこと。練習後のクールダウンにもおすすめだ。

1 大腿部前面（太ももの前）

座って片足を後ろに曲げる

2 大腿部背面（太ももの後ろ）

前屈してつま先を持ち上げる

3 ふくらはぎとアキレス腱

前後に開いた後ろの足を伸ばす

4 前屈

両足を軽く開いて上体を前に倒す

5 肩周り

頭の後ろで、右ヒジを左手で持つ

6 上腕部（腕の上部分）

体の前の右手を左手で引っ張る

7 手首

腕を前にして手首を折って引き寄せる

①手のひらが外向き

②手のひらが内向き

☞体操は46ページ、ランニング、ステップ、ダッシュは152ページへ

PART 5 ゲームをやってみよう

フットワークとショットをひと通り覚えたら、いよいよゲームに挑戦。まずはポジションの基本を踏まえて、戦術を学んでいこう。

※右利きの選手をモデルにしています。

基本は「プレイング・センター」

シングルスは「ポジショニング」が大事

シングルスは広いコートを一人でカバーしながら戦う。よりスムーズにシャトルに追いつくためには、コート内のどこで構えるか、「ポジショニング」がとても大事だ。よく「打ったらセンターに戻る」というが、「センター」はコートの中央だけをいうわけではない。プレーしながら刻々と変わる「プレイング・センター」の考え方を覚えておこう。

一番速く飛んでくるストレートを抜かれない

下の図はロングサービス後の「センター」だ。相手コートの真ん中に打ったら、そのまま真ん中で構えればいい（図2）。自分から見て左奥に打ったら、少し左側がセンター（図1）。自分から見て右奥に打ったら、少し右側がセンター（図3）。一番速く飛んでくるストレートのショットに対応するためだ。ラリー中も、この考え方が基本となる。

ロングサービス後のポジショニング

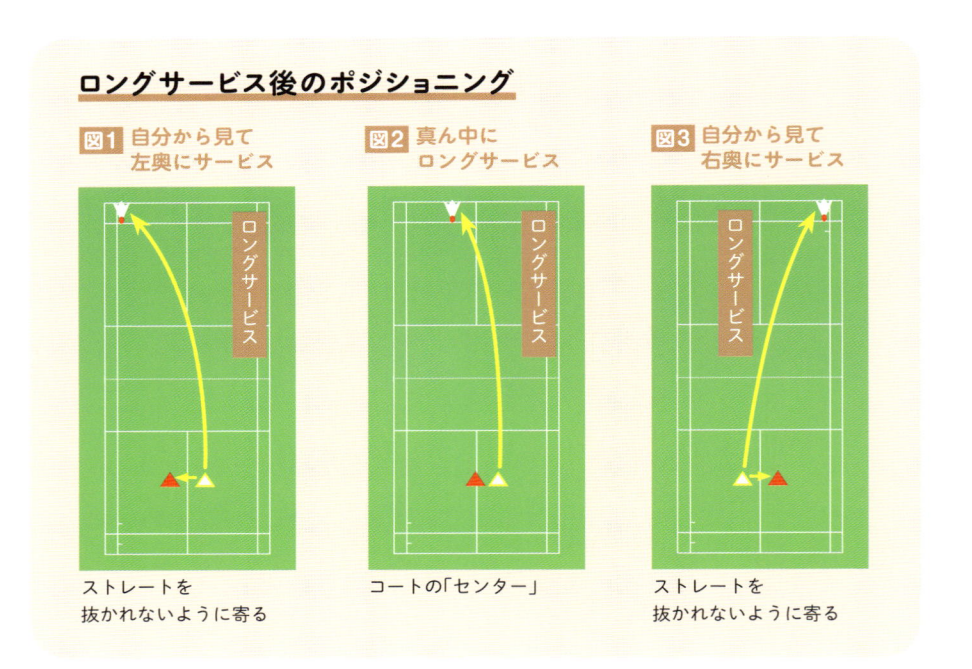

図1 自分から見て
左奥にサービス

図2 真ん中に
ロングサービス

図3 自分から見て
右奥にサービス

ロングサービス

ストレートを
抜かれないように寄る

コートの「センター」

ストレートを
抜かれないように寄る

コート内をフットワークで動き、ショットを一通り打てるようになったら、ゲームにチャレンジ。まずはポジショニングの基本を覚えておく。

ショートサービス後のポジショニング

シングルスでショートサービスを打ったあとは、「一番近いネット前を潰しにいく」と考える。サービス後にコート中央まで下がってしまうと、ネット前へのリターンに間に合わない。ショートサービス後の「センター」は、コート前方（図4）。相手がネット前に返してきたら、素早く前に出てアタックロブなどで攻めるのが理想だ（図5）。

ヘアピン後のポジショニング

ラリー中、ヘアピンを打った場合の考え方も同じだ。ネット前で仕掛けたら、コート中央に戻らない（図6）。そのまま前方にポジションを取り、相手にプレッシャーを与えながら、ネット前を潰しにいく。そこでロブを打たれたとしても、距離が遠く、シャトルが床に落ちるまでの時間は長い。落ち着いて下がってシャトルに追いつけばいい。

ショートサービスからのポジショニングと展開例

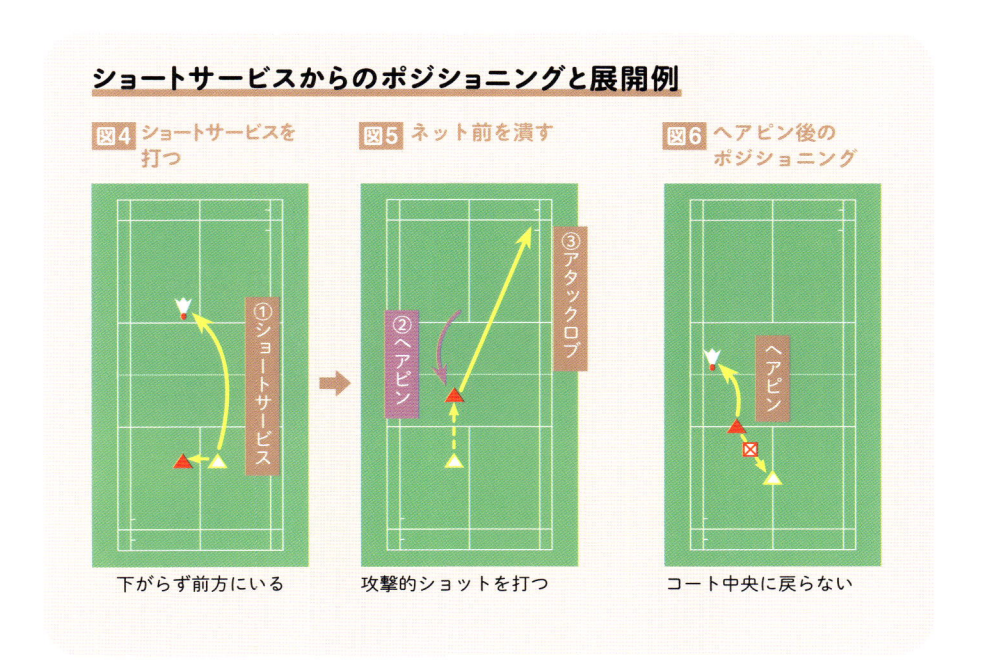

図4 ショートサービスを打つ
①ショートサービス
下がらず前方にいる

図5 ネット前を潰す
②ヘアピン
③アタックロブ
攻撃的ショットを打つ

図6 ヘアピン後のポジショニング
ヘアピン
コート中央に戻らない

「オープンスペース」と「対角線の配球」

オープンスペースを使って「崩す→決める」

シングルスでは、相手を崩す配球が大事だ。スマッシュ一発で決めようとせず、まず、相手をコート四隅（フォア前、バック前、フォア奥、バック奥）に追い込む。そうすると、あいている場所「オープンスペース」が大きくできる。

たとえば、相手をフォア前に引き寄せれば、バック奥を中心にオープンスペースができる（図1）。バック奥に追い込めば、フォア前を中心にオープンスペースができる（図2）。

相手がどこにいるか、どこがオープンスペースか、一番遠い位置はどこか、常に考えながら、「崩す→決める」という流れでラリーを組み立てていく。

オープンスペースと一番遠い位置

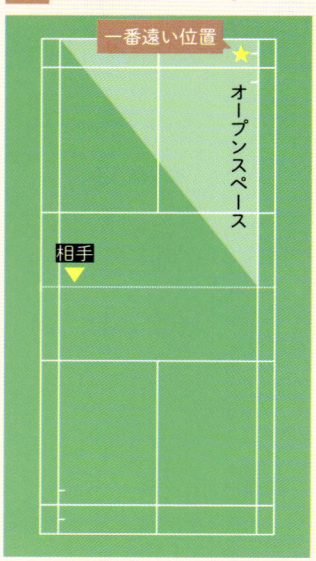

図1 オープンスペース①

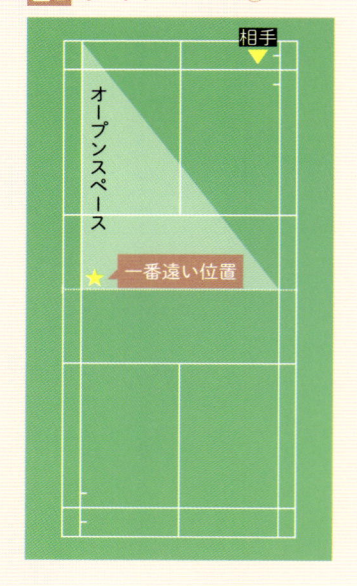

図2 オープンスペース②

1対1で戦うシングルスで大事なキーワードとなるのが、「オープンスペース」と「対角線」。基本の戦術を理解、実践して勝利につなげよう。

一番遠い「対角線」で相手を崩す

シングルスでは、相手をできるだけ大きく動かして、体力を奪ったり、体勢を崩したりしたい。そこで、オープンスペースの中でも特にねらいたいのが、相手の対角線の位置。たとえば、相手がバック前にいたらフォア奥（図3）、フォア奥にいたらバック前（図4）。相手から一番遠いところを攻めるのが、シングルスの戦術の基本の一つだ。

そこに打てなければ、二番目に遠い位置（図内❷）、三番目に遠い位置（図内❸）と選択肢を増やしていく。「オープンスペース」「対角線」を基本にして、どこに打てば有利になるか、考えながら戦う。

ねらいどころは対角線

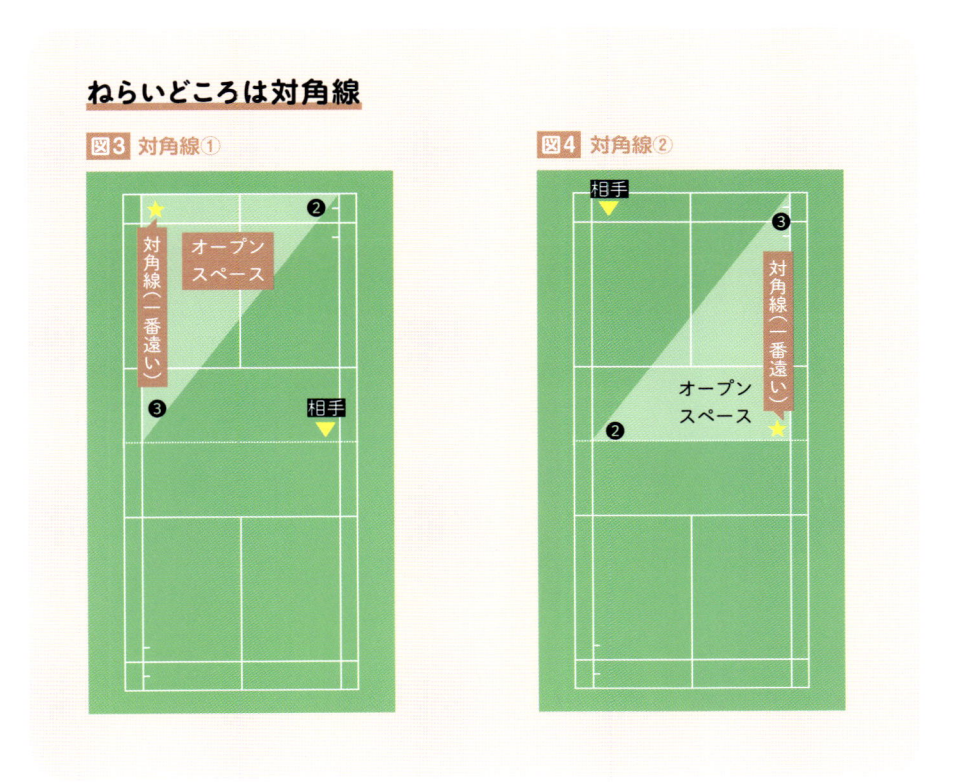

図3 対角線①

図4 対角線②

「リピート」と「センターでリセット」

「対角線」から「リピート」に発展

　シングルスの基本の配球は、オープンスペースと対角線（130〜131ページ）。まずは、この配球パターンを覚えよう。コート四隅に正確に打てるように、ショット練習もしっかりやっておくことが大事だ。

　ただ、配球パターンが一つだけだと、相手に読まれてしまう。それを逆手に取った配球が「リピート」だ。たとえば、相手をバック奥に追い込んだとき、対角線はフォア前（図1）。相手が先読みして前に出てきたところで、もう一度、バック奥へ（図2）。フットワークで一番キツいのは、遠くに移動することではなく、ストップしてからもう一度、動き出すこと。相手の足と体力を削る意味でも、効果的な配球だ。

「リピート」を使った配球例

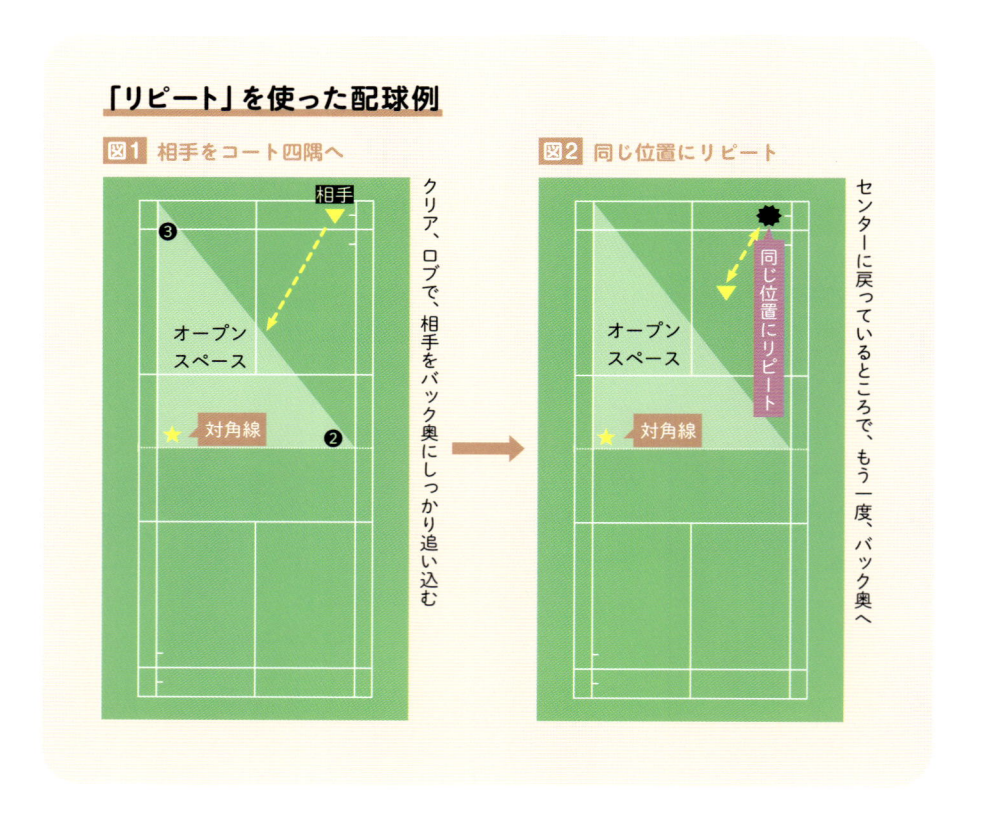

図1 相手をコート四隅へ

相手

❸

オープンスペース

対角線

❷

クリア、ロブで、相手をバック奥にしっかり追い込む

図2 同じ位置にリピート

オープンスペース

対角線

同じ位置にリピート

センターに戻っているところで、もう一度、バック奥へ

「オープンスペース」と「対角線」は、シングルスの配球の基本。同じパターンばかりだと相手に読まれてしまうので、そこから発展させていく。

困ったときは「センター」を使ってリセット

　対角線の配球を使うには、まずコート四隅に正確に打つこと。ただ、そこから厳しいショットを打たれることもある。たとえば、フォア奥、バック奥からは、サイドライン際への速いストレートスマッシュを警戒しなければならない。さらに、クロススマッシュ、クロスカットが得意な相手であれば、かなり広い角度を守ることになる（図3）。

　そこで、うまく使いたいのがセンターだ（図4）。コート奥2点からに比べると、角度が狭く守りやすい。また、相手がライン際をねらって打ったショットが、流れてサイドアウトになりやすい。四隅からの展開がうまくいかない場合は、一度センターに出してリセットする配球も試してみたい。

センターに出すメリット

図3 コート奥2カ所からの角度

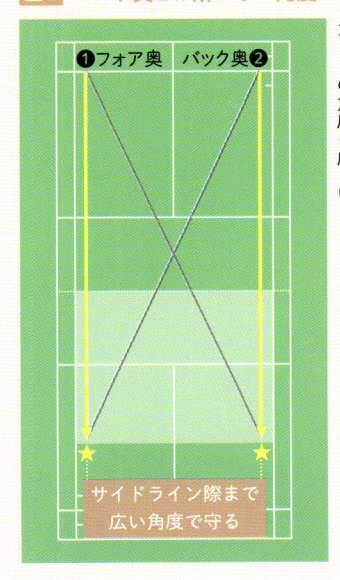

❶フォア奥　バック奥❷

サイドライン際まで広い角度で守る

フォア奥、バック奥の相手に対しては、サイドライン際のストレートスマッシュを警戒する必要がある。クロススマッシュ、クロスカットの角度も厳しい。

図4 センターからの角度

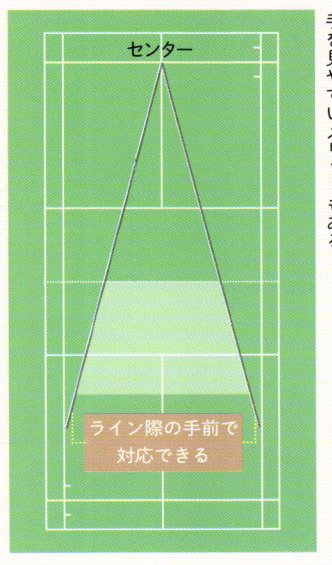

センター

ライン際の手前で対応できる

センターからのショットは、フォア奥、バック奥に比べると角度が狭い。ライン際へのショットがサイドアウトになりやすく、相手を見やすいメリットもある。

133

オーバーヘッドストロークから攻める

オーバーヘッドから攻撃的な展開を作る

　上から打つオーバーヘッドストロークは、攻撃的なショットを打つことができる。速いスマッシュ、鋭いカットがいい形で入っていけば、相手は下からレシーブすることになる。特にスマッシュに対しては、ショートレシーブが多く、ネット前に返ってくる可能性が高まる。

　それを予測して、打ったあとは素早く前に出ていくこと。なるべく早いタイミング、高い位置でシャトルをさわり、相手ネット前のオープン＆リピートスペースにヘアピンか、コート奥のオープンスペースにプッシュ、またはアタックロブを打つ。その一発で決まらなくてもいい。相手を崩して決めるまで、シャトルに集中し続けることが大事だ。

「リピート」を使った配球例

図1 オーバーヘッドストロークからの展開例

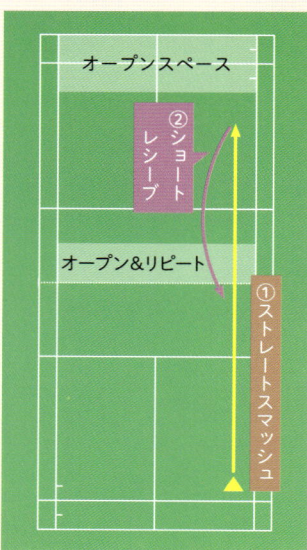

①フォア奥からストレートスマッシュ。
②相手がストレートにショートレシーブ。スマッシュがよかったので、相手はネット前に返すのが精いっぱい。スマッシュ後、すぐネット前に出ていき、ネット前（オープン＆リピートスペース）か、コート奥（オープンスペース）に打つ。

スマッシュ後、すぐ前へ！

オーバーヘッドから、いい形でスマッシュやカットを打てたら、攻撃的な展開に持ち込むチャンス。積極的にネット前に出て、相手を崩したい。

ネット前でのショット例

①ヘアピン

ヘアピンはシングルスで有効なショット。なるべく高い位置でとらえ、ストレートかクロスか、相手の位置をよく見て打ち分ける。

②プッシュ

シャトルが浮いて返ってきたら、積極的にプッシュを打つ。決められなくてもコート奥に押し込んで、次の甘い返球をねらえばいい。

③アタックロブ

高い打点からのアタックロブで、コート奥に押し込むのも効果的。低い軌道なので、相手にさわられないよう、高さとコースに注意。

守りながらリセットする

追い込まれたところからリセットする

　試合で相手に攻められる場面は必ずある。まず、コートの一番奥に追い込まれたら、無理に攻めないこと。たとえば、フォアの一番奥からスマッシュを打つと、オープンスペースの範囲が広い（図1）。さらに、相手に到達する頃にはシャトルが失速している。クロス前に返されたら、コートの対角線、一番長い距離を走らされることになってしまう。そこで、ハイクリアでコート奥に逃げるか、ドロップやカットでつなぐ。「不利な状況をリセットする」という考え方を持っておきたい。

　強く打って攻めるか、守るか、基準となるラインを覚えておくこと（図2）。図では一般的な基準を示しているが、自分に合った位置で構わない。

図1　コート奥に追い込まれたら無理に攻めない

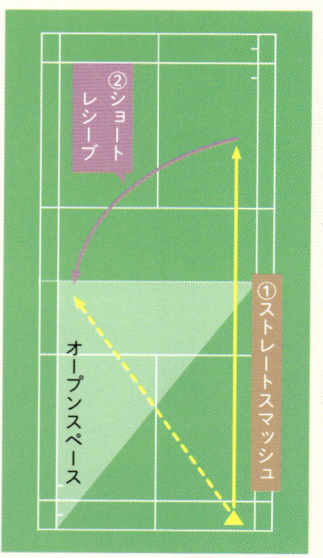

コートの一番奥からスマッシュを打っても威力はない。広いオープンスペースを使って、崩されてしまうことになる。

②ショートレシーブ

①ストレートスマッシュ

オープンスペース

図2　攻める／守るの基準ライン

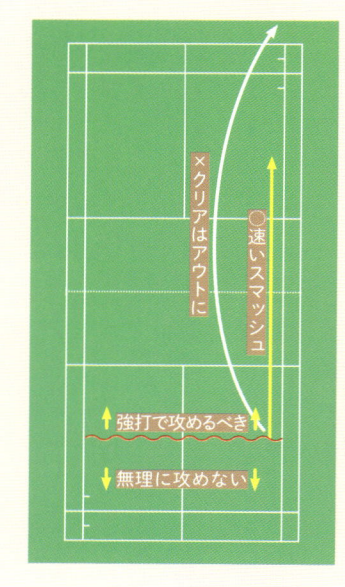

コートの一番奥から攻めるのは避ける。また、攻めるべき位置からクリアで逃げると、バックアウトになる可能性が高い。

×クリアはアウトに

○速いスマッシュ

強打で攻めるべき

無理に攻めない

試合の中では、守らなければならない場面が必ずある。相手の攻めをうまくしのぎながら、しっかり守るためのポイントを押さえておきたい。

リセットするためのショット例

①クリア、ロブで、高く遠くへ逃げる

コート奥からクリア、ネット前からロブで、相手をコート奥へ。シャトルを高く遠くに飛ばして、リセットする時間を作る。コートの四隅だけでなく、センターもうまく使いたい。

← 奥までしっかり返す

②フェイントで相手の足を止める

ネット前から

ネット前からは、フェイントで相手の足を止めるのも効果的。同じフォームで入り、ヘアピンと見せかけてロブ、ロブと見せかけてヘアピン。相手をよく見て打ち分ける。

同じフォームからロブ

同じフォームからヘアピン

レシーブから攻撃に転じる配球

相手のストレートショットをクロスに返す

相手のスマッシュに対して、レシーブのねらいめは「対角線」だ。

たとえば、相手のバック奥に打った場合（図1）。一番速いストレートスマッシュを警戒して、自分は少し右寄りの「センター」で構えている。想定どおりにストレートスマッシュを打たれたら、落ち着いてクロスのネット前にレシーブ。相手をバック奥から対角線、一番長い距離を走らせ、ロブを上げさせれば、攻守交替に成功というわけだ。

クロスに打つためには技術が必要だ。特にバックからクロスに打つのは難しいが、試合では必ず使う。ラリーの中での正しいポジショニング（128〜129ページ）とともに、練習でしっかり身につけておきたい。

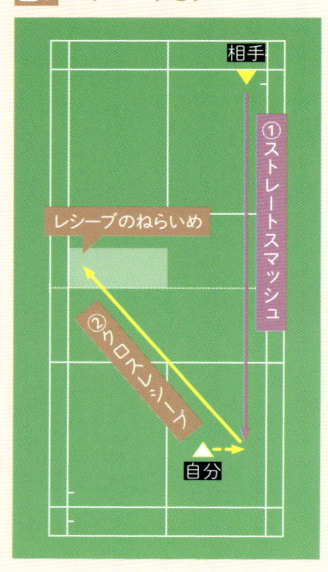

図1 ストレートをクロスへ

相手 / ①ストレートスマッシュ / レシーブのねらいめ / ②クロスレシーブ / 自分

攻撃の基本は、距離が短くスピードが速いストレート。正しいポジショニングで相手のストレートスマッシュを待ち、クロスレシーブで逆転をめざす。

クロスへ

相手のクロススマッシュをストレートに返す

クロススマッシュに対しても、ねらいは「対角線」だ。

相手のフォア奥に打った場合、ストレートスマッシュを警戒して、自分は少し左寄りの「センター」で構えている。そこに想定外のクロススマッシュ。ライン際に届く前にさわって、ストレートのネット前に返せればベスト。距離が長いクロスショットを、途中でカットしてしまうことで、より速いリターンとなる。対角線を走ってくる相手に、苦しい体勢でロブを上げさせれば、攻撃するチャンスだ。

距離が短くスピードが速いストレートか、意表を突くクロスか。打たれたらどう返すか。攻める側と守る側の、駆け引きの勝負でもある。

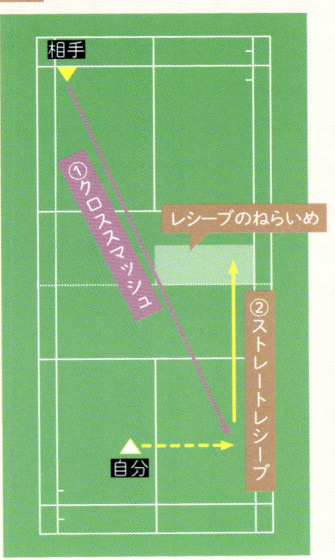

図2 クロスをストレートへ

クロスは距離が長いので、ストレートを警戒していても対応する時間がある。ライン際に届く前にレシーブして、相手を追い込みたい。

「トップ＆バック」と「サイド・バイ・サイド」

攻撃のポジション＝トップ＆バック（二人がタテに並ぶ）

　攻めるときは二人が前後の「トップ＆バック」。後衛はストレートに打つのが基本。前衛は一番速く返ってくる、ストレートのリターンを待つのが基本。

コート左奥から攻撃する
→前衛は左寄りで待つ

ストレートリターン

クロスは距離が長い

　後衛が左奥から攻めるとき、前衛は左寄り（ストレート側）に立つ。右利きの場合、バック前をしっかり止める意識で待つこと。クロスに返されても、距離が長いので間に合う。

コート右奥から攻撃する
→前衛は右寄りで待つ

ストレートリターン

クロスは距離が長い

　後衛が右奥から攻めるとき、前衛は右寄り（ストレート側）に立つ。右利きの場合、フォア奥への浅いリターンは攻撃を続けるチャンス。ここを逃さない意識で待つ。

「前後の距離」を一定に保つ！

　後衛が奥まで追い込まれたら、強いクロスリターンを警戒して、前衛は少し下がる。後衛が浅い位置から打つときは、ネット前に返ってくることを予測して、前の方で待つ。二人の前後の距離を一定に保つこと。

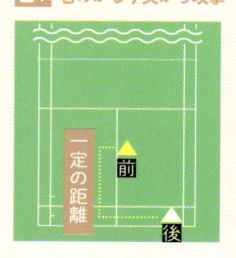

図1 右のかなり奥から攻撃

一定の距離

前

後

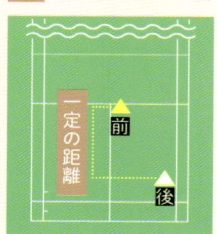

図2 右の浅い位置から攻撃

一定の距離

前

後

2対2でやるダブルスは、ポジションや動き方に決まりがある。二人がスムーズに動いて楽しくプレーできるように、ポジションから学んでいく。

守備のポジション＝サイド・バイ・サイド（二人が横に並ぶ）

　守るときは二人が横に並ぶ「サイド・バイ・サイド」。相手からの一番速いショット、ストレートスマッシュを返せるように、二人でストレートに寄るのが基本。

**自分たちから見て左側から攻撃される
→二人で左に寄る**

左側の選手は、ストレートスマッシュを警戒。右側の選手は、左側に寄ってセンターのスペースを潰す。センターへのドロップ・カットは、クロスにいる右側の選手が取るので、真横ではなく半歩ぐらい前で構える。

**自分たちから見て右側から攻撃される
→二人で右に寄る**

右側の選手は、ストレートスマッシュを警戒。左側の選手は、右側に寄ってセンターのスペースを潰す。クロスへのショットは距離が長いので間に合う。クロス側にいる選手は、相手にヘソを向けて構えること。

「前後の位置」も意識する！

　相手をコート奥に追い込んだら、強いショットがこないと予測できるので、少し前で待つ。浅い位置から打たれるときは、強いショットを警戒して、少し下がる。二人で前後の位置も意識して守ること。

図3 相手が右のかなり奥から攻撃（前めに構える）

前めにいる

図4 相手が右の浅い位置から攻撃（下がって構える）

少し下がる

攻めながら前後の選手が入れ替わる

　右利き同士のペアが、右サイドで攻めながら、前後が入れ替わる基本のローーテーション。左サイドも考え方は同じだが、バックで打つので少し難しくなる。まずは、フォアを使うパターンを覚えよう。

❶ 後衛がスマッシュ（トップ＆バック）

後衛がコート右奥からスマッシュ。相手のバック側をねらって、しっかりストレートに打つ。

❹ 前後が入れ替わって攻撃（トップ＆バック）

前衛と後衛の選手は入れ替わったが、トップ＆バックの形はそのまま。二人で攻め続ける。

ダブルスは攻撃側が圧倒的に有利。攻め続けながら前後が入れ替わるローテーションを覚えて、二人で攻めて点を取る感覚をつかみたい。

② 後衛が前に出る（前衛は前をあける）

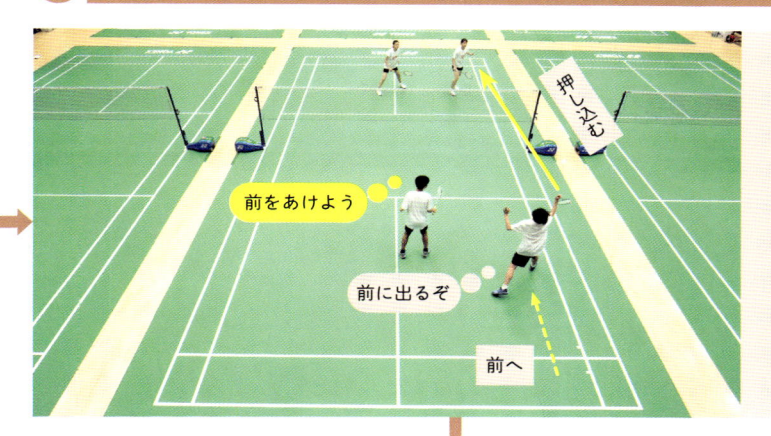

前をあけよう

押し込む

前に出るぞ

前へ

コート真ん中付近（ハーフ）へのレシーブを、後衛が前に出て押し込む。前衛は前をあける。

③ ネット前に落とす（相手に上げさせる）

前へ

後ろへ

ハーフから押し込んだ選手が前衛となって、ネット前に落とす。前衛にいた選手は後ろに下がる。

ストレートを軸に攻めるのが基本

GOOD ○ ストレートスマッシュからの展開

1 後衛がストレートスマッシュ

ストレートスマッシュ

前衛は右寄り

後衛が右奥からストレートスマッシュ。クロスに強く返させないように、相手のバック側をしっかりねらって打つ。

2 前衛がストレート前で決める

決める

相手がネット前に逃げてきたところを、ストレートに返ってくると読んでいた前衛がプッシュで決める。

ダブルスはストレートに打つことを軸にすると、後衛と前衛が連携して攻めやすい。
クロスに打ってしまう失敗例と合わせて理解しておこう。

NG× クロススマッシュからの展開

1 後衛がクロススマッシュ

クロススマッシュ

前衛は右寄り

後衛が右奥からクロススマッシュ。前衛はストレートスマッシュを予測して、右に寄っている。

2 ストレートに抜かれる

追いつかない

相手がストレートリターン。右に寄っていた前衛は止められず、後衛は横に大きく走らされてしまった。

※クロススマッシュが必ずしも悪いわけではない。ラリーの展開、パートナーや相手の力量などを考えて、使うべきところを間違えないように打つこと。

ストレートスマッシュ→ドライブレシーブで攻守交替

① ストレートスマッシュをストレートドライブで返す

ストレートドライブ

サイド・バイ・サイド

右サイドで守っている場面。ストレートスマッシュを、右側にいる選手がストレートドライブで返す。

④ 攻守交替に成功してトップ＆バックで攻撃

上げるしかない…！

トップ＆バック

前に出た選手がネット前に落として、相手にロブを上げさせれば、トップ＆バックの完成。攻撃に入る。

ダブルスは守ってばかりでは勝てない。しっかり守りながら攻撃に転じるパターンのうち、ストレートスマッシュからのラリー例を紹介する。

2 相手前衛を抜けて後衛が下から取るのを確認

抜かれた

前へ

ストレート寄りにいる前衛を抜いて、相手の後衛に下から取らせる。前衛にさわられたら、そのまま守る。

3 レシーブした選手が前へ（パートナーは後ろへ）

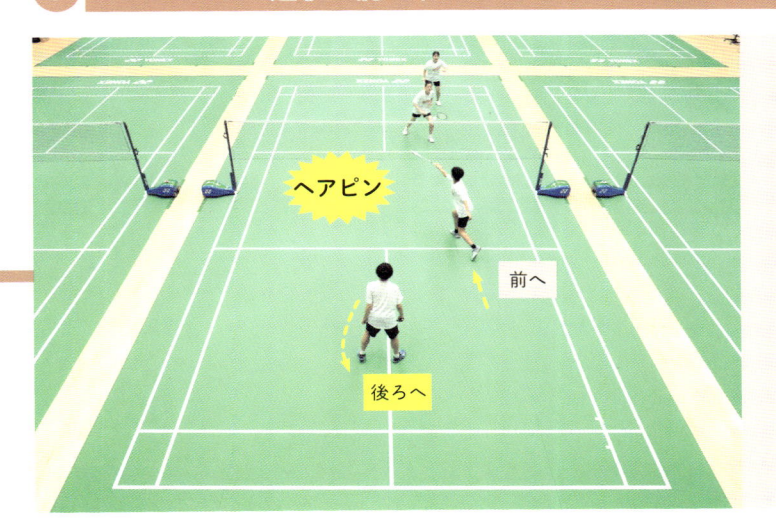

ヘアピン

前へ

後ろへ

相手の前衛を抜けて、後衛の体勢が崩れていたら、レシーブした選手は素早く前へ。パートナーは後ろへ。

センタースマッシュ→クロスレシーブで攻守交替

① 相手がセンターにスマッシュ（サイド・バイ・サイドで守る）

センタースマッシュ

左に寄っている

サイド・バイ・サイド

左サイドで守っている場面。センターがあかないように、右側の選手が左に寄っているところへ、相手がスマッシュ。

④ 攻守交替に成功してトップ＆バックで攻撃

決める！

前へ

レシーブした選手が前に出て決める。決められなくても、トップ＆バックになっているので攻撃開始。

相手からのセンタースマッシュを利用して、守備から攻撃へと転じるパターン。クロス側の選手がレシーブからねらう意識を持つことが大事だ。

2 クロス側にいる選手がクロスにレシーブ（相手の前衛を抜く）

クロスレシーブ

クロス側にいる右側の選手が、クロスレシーブ。ストレート側にいる選手より前にいるので、クロスに打つことができる。

3 相手の後衛を大きく走らせる

前に返ってくる！

ストレート寄りにいる相手前衛はさわれず、後衛が大きく走る。強いショットはないと読んだら、前に出ていく。

センタードロップ→クロス側が前に詰める

パターン1

① センタードロップにクロス側の選手が前へ

前にくる！

前へ

サイド・バイ・サイド

相手後衛がセンターにドロップ。少し前で構えているクロス側の選手は、いち早く読んで前に出ている。

② プッシュ、クロスネットで積極的に決めにいく

クロスネット

高い位置でとらえ、プッシュやクロスネットで勝負。決められなくても、トップ＆バックになって攻撃開始。

ラリーに緩急をつけるセンタードロップを、クロス側がしっかりねらって攻撃へ。
このパターンの成功のカギは、正確なポジショニングだ。

パターン2

① 相手の前衛を抜いて後衛を大きく走らせる

相手後衛がセンタードロップ。少し前で構えているクロス側の選手が、クロスのアタックロブで押し込む。

クロスにアタックロブ

前へ

サイド・バイ・サイド

② トップ&バックで攻撃に転じる

走らされた相手の後衛が、ネット前に逃げてきたら決める。決められなくても、トップ&バックになって攻撃開始。

トップ&バック

後ろへ

おすすめウオーミングアップ

③ランニング、ステップ、ダッシュ

ランニング、ステップ、ダッシュは、体を温めるウオーミングアップと、脚力の向上、フットワークのレベルアップという効果がある。距離や時間は選手の状態に合わせながらでいいので、日々の練習前に必ず取り入れたい。

1 ランニング

①ゆっくり3分　②全力の7割ぐらいの速さで2分

2 ステップ

①サイドステップ（左右）

②クロスステップ（左右）

③ツーステップで前へ

④ツーステップで後ろへ

2歩前進→3歩目を大きく踏み出してランジ。左右バランスよくやる

⑤1・2・3フロントランジ（左右）

右 / 左 / 右

3 ダッシュ（以下の動きを10～20秒してからダッシュ）

①タッピング

両足で細かくステップ

②もも上げ

高く

両ももを交互に高く上げる

③胸つきジャンプ

ジャンプ

両ももが胸につく高さでジャンプ

④フロントランジ

右

ジャンプ

左

右足前でランジ→ジャンプして両足を入れ替え→左足前でランジ

☞体操は46ページ、ストレッチは126ページへ

152

PART 6 スキルアップ練習に取り組もう

バドミントンの楽しさを知り、「もっとうまくなりたい！」と思う人のための練習メニュー。チームで取り組んで、レベルアップをめざそう。

ロング・ロング／ショート・ショート

人数 3人（2対1）　目的 シングルスの基本的な配球を身につけ、ラリー力を強化する。

＜やり方＞

2対1で、2側はトップ＆バック。2側の後衛はクリア、ドロップ、カットを、前衛はヘアピン、ロブを、相手コートのどこに打ってもOK。1側は、コート奥に打たれたクリアはクリアで、ネット前への短いショットは、すべてネット前に返す。コースは自由。

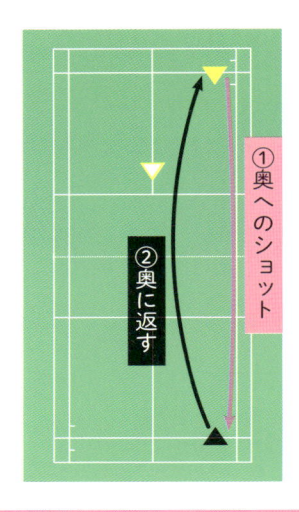
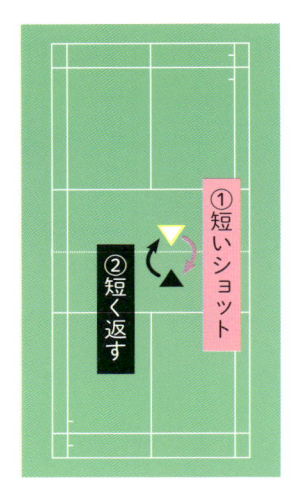

ロング・ショート／ショート・ロング

人数 3人（2対1）　目的 シングルスの基本的な配球を身につけ、ラリー力を強化する。

＜やり方＞

2対1で、2側はトップ＆バック。2側の後衛はクリア、ドロップ、カットを、前衛はヘアピン、ロブを、相手コートのどこに打ってもOK。1側は、コート奥に打たれたクリアはネット前へ、ネット前への短いショットは、すべてコート奥に返す。コースは自由。

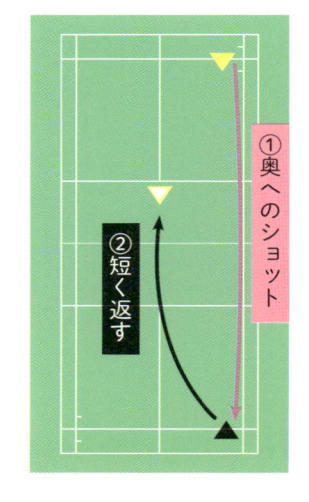
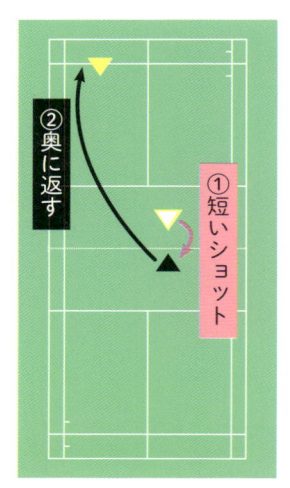

対角線の2点返し・フォア前&バック奥

人数 3人（2対1）　目的 基本的な配球とラリー力、対角線に打つショットの精度を上げる。

＜やり方＞

2対1で、2側は相手コートのどこに打ってもOK。
1側はどこに打たれても、相手コートのフォア前か
バック奥、どちらか2点に必ず返す。

どんなに追い込まれても、決められた2点に返す！

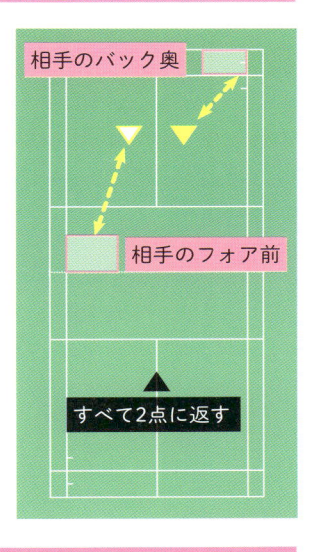

相手のバック奥

相手のフォア前

すべて2点に返す

対角線の2点返し・バック前&フォア奥

人数 3人（2対1）　目的 基本的な配球とラリー力、対角線に打つショットの精度を上げる。

＜やり方＞

2対1で、2側は相手コートのどこに打ってもOK。
1側はどこに打たれても、相手コートのバック前か
フォア奥、どちらか2点に必ず返す。

2側は前後に動きながら正確に打ち続けること

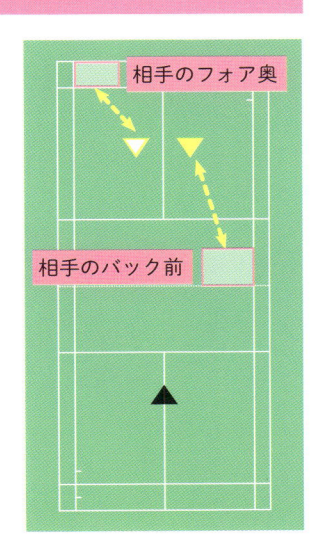

相手のフォア奥

相手のバック前

ミッド&リア

人数 3人（2対1） **目的** ドライブ戦など速いテンポのラリーに対応する力をつける。

＜やり方＞

2対1で、コート前面（右の図でピンクのライン内側）以外は、お互いどこに打ってもOK。コートの真ん中（ミッド）から奥（リア）を使うので、ポジションはやや後ろめ。

真ん中からドライブを使うなど、速い展開に慣れること

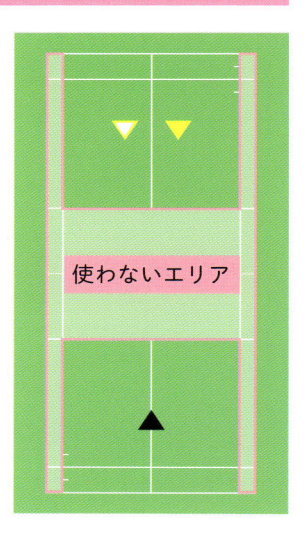

使わないエリア

フロント&ミッド

人数 3人（2対1） **目的** ネット前などコート前面を使ったラリーに対応する力をつける。

＜やり方＞

2対1で、コート奥（右の図で示した部分）以外は、お互いどこに打ってもOK。コートの前（フロント）から真ん中（ミッド）を使うので、ポジションはやや前め。

前めのポジションから、ネット前をねらう意識を身につける

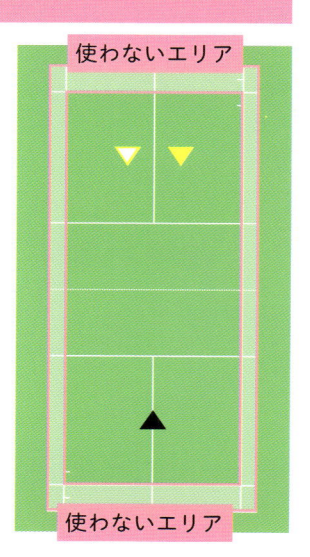

使わないエリア

使わないエリア

フロント&ミッド・条件付きローテーション

人数 4人（2対2）　目的 コートの前半分を使ったラリーとローテーションを身につける。

＜やり方＞

2対2で、コートの前半分（図で示したエリア）を使う。前めのポジションにいる後衛が、ドライブ、プッシュを打ちながら前に出て、動きに合わせて前衛が下がる。入れ替わるタイミングは、写真で示した「ドライブ、プッシュの2回」など条件をつける。「どちらか一方はストレートのみ、もう一方はクロスに打ってOK」など条件を増やしてもいい。

①トップ＆バックから
前へ

②ドライブで前へ（前衛が前をあける）
後ろへ　ドライブ　前へ

③さらに前でプッシュ（前後交替）
プッシュ　前へ

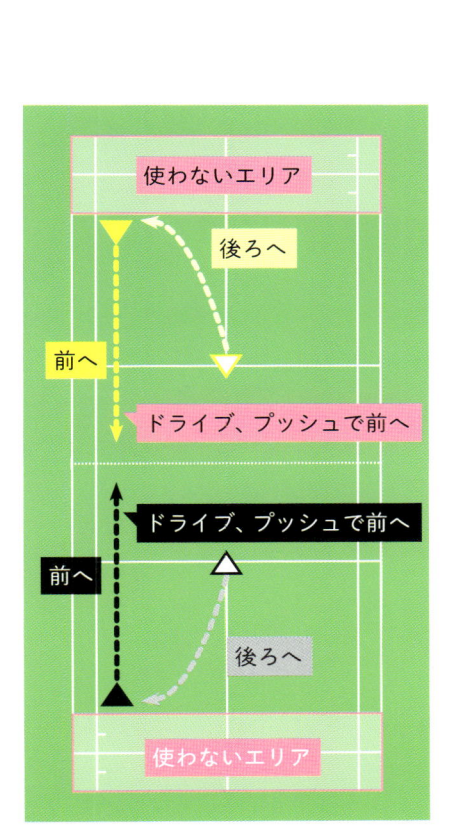
使わないエリア
後ろへ
前へ
ドライブ、プッシュで前へ
ドライブ、プッシュで前へ
前へ
後ろへ
使わないエリア

3対1の半面レシーブ

人数 4人（3対1）　目的 カウンターレシーブ、クロスレシーブを使えるようにする。

ダブルス②3対1の半面レシーブ

<やり方>

3対1でコートに入り、3側が攻撃、1側が守備。3側のフォーメーションは、後衛1人、前衛2人。攻撃する範囲は相手コート半面で、1側がクロスレシーブをしたらサイドチェンジ。逆サイドの半面で攻撃＆レシーブを続ける。

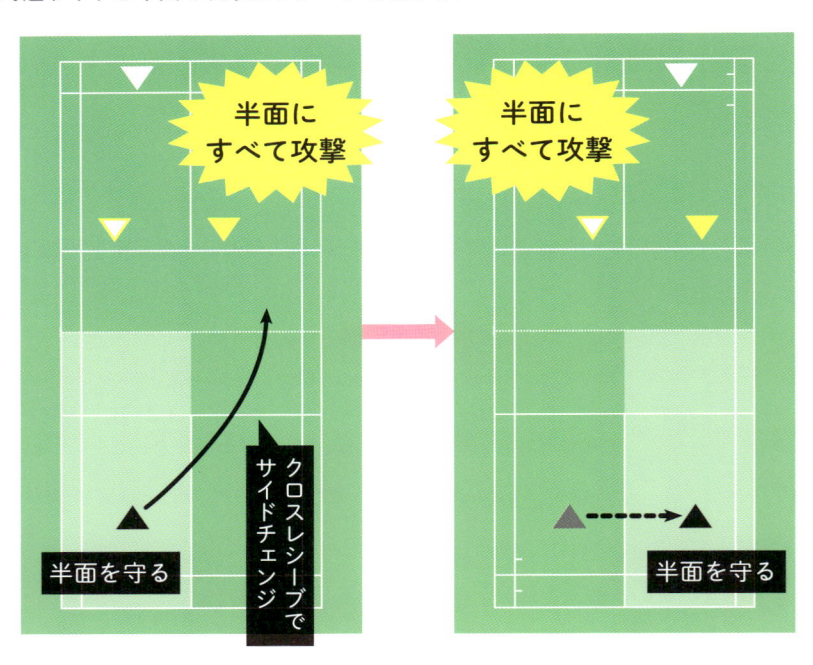

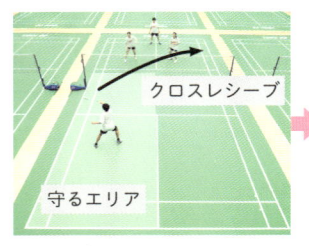

レシーブの中でクロスへ

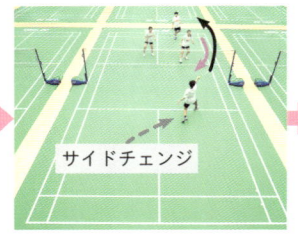

前衛のヘアピンを
ストレートロブ

サイドを変えて守る

お わ り に

　自分自身の中学時代を振り返ると、仲間と一緒に楽しくバドミントンと向き合っていたなと思います。高校、大学、実業団と厳しい環境でやるようになると、練習から常に全力でプレーしていました。特に実業団に入ったばかりの頃は、チームの全員が日本代表。練習場所の体育館は、いつも緊張感がみなぎっていました。

　試合で勝つためには、厳しい環境の下、自分自身で「判断・決定・決心」をしなければなりません。コートに立ってラリーが始まれば、監督やコーチの指示など「強制力」が一切なくなります。そこで「自分らしさ」を最大限に発揮しながら、相手と差をつけていく。自分で考えてプレーできる選手が、最後に勝利をつかむのです。

　楽しくも厳しいバドミントン人生を送ってきた私から、中学生のみなさんに伝えたいのは、「なりたい自分」という目標を掲げながら、「ありたい自分」を持ってほしいということです。最後まであきらめない心、周りへの感謝の気持ち、謙虚な姿勢。そして、常に全力で！つらいときこそ笑顔！　キツいときこそ一歩前へ！　そんなマインドを持つ人であってほしいと願っています。

NTT東日本SportsClubコーチ、元日本代表　**青木孝徳**

●著者近影

●撮影協力

青戸琳太郎、杉本煌希、青木愛、齋藤菜々

著者

青木孝徳

あおき・たかのり● 1977年生まれ。栃木県出身。小学3年から地元クラブ「宇都宮ダッシングクラブ」で、バドミントンを始める。宇都宮市立旭中学校では、全国中学校大会で団体戦、個人戦ダブルスともに2位。常総学院高校に進学し、高校選抜で団体優勝、シングルス3位、ダブルス3位、インターハイでダブルス優勝。早稲田大学ではインカレでダブルス準優勝(98、99年)。99年、世界学生選手権に日本代表として出場。NTT東日本では全日本総合ダブルス3位(2000年)、全日本社会人ダブルス3位(01年)など実績を収め、01年世界選手権には日本代表として出場している。全日本実業団優勝2回(01、02年)、日本リーグ準優勝2回(00、01年)などチームにも貢献し、07年に第一線を退いた。現在は、慶應義塾體育會バドミントン部ヘッドコーチ(23年〜)、NTT東日本SportsClubコーチ(24年〜)として、大学生、小・中学生の指導に当たっている。

**中学デビューシリーズ
バドミントン入門**

2025年2月28日　第1版第1刷発行

著者　青木孝徳
発行人　池田哲雄
発行所　株式会社ベースボール・マガジン社
〒103-8482
東京都中央区日本橋浜町2-61-9 TIE浜町ビル
電話　03-5643-3930(販売部)
　　　03-5643-3885(出版部)
振替口座 00180-6-46620
https://www.bbm-japan.com/

印刷・製本　共同印刷株式会社

©Takanori Aoki 2025
Printed in Japan
ISBN 978-4-583-11707-2　C2075